Rosalia Abbenhaus, Ulrike Hartmann-Nölle,
Katja Sommereisen, Daniel Sommereisen

Bergedorfer® Grundschulpraxis

Kunst

1./2. Klasse
Band 1

6. Auflage 2022
© 2005 PERSEN Verlag, Hamburg

AAP Lehrerwelt GmbH
Veritaskai 3
21079 Hamburg
Telefon: +49 (0) 40325083-040
E-Mail: info@lehrerwelt.de
Geschäftsführung: Christian Glaser
USt-ID: DE 173 77 61 42
Register: AG Hamburg HRB/126335
Alle Rechte vorbehalten.

Autorschaft: Rosalia Abbenhaus, Ulrike Hartmann-Nölle, Katja Sommereisen, Daniel Sommereisen
Covergestaltung: TSA&B Werbeagentur GmbH, Hamburg
Coverillustration: Elisabeth Lottermoser
Illustrationen: Friederike Großekettler
Satz: Ludwig Auer GmbH, Donauwörth; Überarbeitung: MouseDesign Medien AG, Zeven
Druck und Bindung: Esser printSolutions GmbH, Bretten

ISBN: 978-3-8344-3966-6
www.persen.de

Inhalt

Einleitung 5

Kapitel 1

Von Schnecken, Hühnern und anderen Tieren 9

1.1 Matisse: Mit der Schere zeichnen 10
Buntpapier wie Matisse herstellen und
seine Collage-Technik kennenlernen

1.2 Ein Tier aus bunten Vierecken 15
Farbharmonien nachspüren und aus
Buntpapier Tier-Collagen gestalten

1.3 Hühner sind kühner 18
Hühnerzeichnungen von Iris Irene Stöber
kennenlernen und verschiedene Aufgaben
an Stationen bearbeiten

Kapitel 2

Ich – mal anders 24

2.1 Ich mal ganz bunt 25
Jawlenskys expressionistische Malerei als
Ausgangspunkt für Experimente mit Form
und Farbe

2.2 Ich werde zum Gespenst 28
Porträts mit schwarzer und weißer Farbe
als Gespenstergesichter gestalten

2.3 Ich wäre so gern ein Prinz 30
Mit Stoffresten und weiteren Materialien
Prinzessinnen- und Prinzenporträts
gestalten

2.4 Ich oder du? Wir beide! 33
Aus zwei Porträts Kippbild gestalten

Kapitel 3

Waldgeisterfest im Herbst 36

3.1 Kopfbedeckungen für ein Waldgeisterkostüm 37
Angeregt durch eine Kopfbedeckung aus
der Mode eine eigene aus Naturmaterialien
entwickeln

3.2 Das Waldgeisterkostüm 42
Kostüme der Bedik und ein Land-Art-
Kunstwerk von Nils-Udo als Anregung für
die Gestaltung eigener Kostüme nutzen

Kapitel 4

**Marzipan und Zuckerguss –
Konditoreispezialitäten der besonderen Art** .. 47

4.1 Pralinen für einen ganz besonderen
Anlass 48
Aus selbst hergestellter Knetmasse kunst-
volle „Pralinen" formen

4.2 Tortenstücke 52
Ausgehend von Kunstwerken des Künstlers
Altred Grimm eigene Tortenstücke aus
Alltags- und Fundmaterialien herstellen

4.3 Tortenausstellung 55
Eine Ausstellung gestalteter Konditorei-
waren für andere Klassen planen und
ausführen

Kapitel 5

Unter Wasser – über Wasser 57

5.1 Diskokugelfisch und Sockenbarsch 58
Ausgehend von exotischen Fischen Plasti-
ken von Fantasiefischen herstellen und
eine Unterwasserwelt damit gestalten

5.2 Gespensterschiff und Entspannungsboot . 63
Unterschiedliche Wasserfahrzeuge betrachten und davon ausgehend Spezialschiffe für
eine Regatta bauen

Kapitel 6

Puppen – vertraut und fremd 68

6.1 Puppen einmal anders 69
Lieblingsfiguren und Puppen aus dem
Kinderzimmer unseres Kulturkreises mit
indianischen Kachina-Figuren vergleichen

Inhalt

6.2 Meine Puppe kann 73
Ausgehend von Kachina-Figuren eigene
Puppen in Stationsarbeit herstellen

6.3 Die etwas andere Puppenausstellung 77
Eine Klassenausstellung zusammenstellen
und die Gestaltungsergebnisse präsentieren

Kapitel 7

**Tüten – mehr als eine unscheinbare
Verpackung** 79

7.1 Ein Transportmittel für Stifte 80
Experimentell aus verschiedenen Mate-
rialien Transporttaschen für Stifte oder
andere Gegenstände herstellen

7.2 „Sortiertüten" fürs Kinderzimmer 82
Eine Aufbewahrungstüte gestalten

7.3 Die Riesenmilchtüte 86
Die künstlerische Strategie des Vergrö-
ßerns anhand eines Kunstwerkes kennenlernen und beim Gestalten einer Riesenmilchtüte anwenden

Kapitel 8

Blütenträume 89

8.1 Blüten sammeln 90
Exkursion in die nähere Schulumgebung
und Dokumentation der Blütenvielfalt

8.2 Blumen-Presse(n) – Fantasieblumen
drucken 93
Sich mit Drucken von Andy Warhol
beschäftigen und verschiedene Druck-
techniken ausprobieren

8.3 Blüten formen 100
Verschiedene Gipstechniken kennenlernen

8.3.1 Raumblüten 105
Gussformen zu Blüten anordnen

8.3.2 Fühlblumen 109
Blütenreliefs durch Ausgießen einer
Negativform herstellen

8.3.3 Blumeninseln 112
Positivreliefs aus Gipsbinden herstellen

8.4 Blüten-Teppiche 115
Filzbilder herstellen und zu einem
Gemeinschaftswerk zusammenfügen

Quellenverzeichnis 119

Einleitung

Die Reihe Bergedorfer® Grundschulpraxis Kunst will vielfältige Anregungen für einen innovativen Kunstunterricht liefern. Alle Vorschläge kommen aus der Praxis. Lehrerinnen und Lehrer, die einmal etwas Neues ausprobieren wollen, aber auch fachfremd unterrichtende Kolleginnen und Kollegen erhalten konkrete Hilfestellung für ihre Vorbereitungen und die Bearbeitung von Themen, die fächerübergreifendes Arbeiten ermöglichen.

Alle Vorschläge sollten natürlich auf die jeweiligen schulischen Voraussetzungen (Erfahrungen der Kinder, Größe der Lerngruppe, räumliche Bedingungen) vor Ort abgestimmt werden. Mit ein bisschen Bereitschaft zu Flexibilität und ein wenig Mut zur Improvisation lassen sich für die Kinder sehr motivierende Lernprozesse organisieren, die fachspezifische Kompetenzen zusammenhängend und exemplarisch vermitteln.

Wie jedes andere Fach erfordert auch der Kunstunterricht eine sorgfältige Vorbereitung und Planung.
Bei den meisten Themenvorschlägen ist es sinnvoll, vorab eine Sammlung von Materialien, Werkzeugen und Bildbeispielen anzulegen und, wenn möglich, in einer kleinen Kunstecke im Klassenraum nach und nach einen ständigen Fundus zur Verfügung zu stellen. Bei Elternsprechtagen, Elternabenden oder Klassenfeiern ergeben sich oft günstige Gelegenheiten, auf mittelfristig geplante Projekte oder auf besonderen Materialbedarf bzw. spezielle Unterstützung (z. B. beim Aufsuchen außerschulischer Lernorte) hinzuweisen. Dabei tun sich häufig ungeahnte Quellen auf und interessante Angebote stellen sich ein.

Die dargestellten Reihen bieten einen ganzheitlichen Unterricht mit offenen Aufgabenstellungen, ansprechenden Materialien, unterschiedlichen Techniken und abwechslungsreichen Methoden. Anknüpfend an die Vorkenntnisse der Kinder, werden diese zur fantasievollen Umsetzung eigener Ideen ermutigt, um so ihre selbstständige Entwicklung zu unterstützen. Die eigentätigen, unmittelbaren Erfahrungen, die die Kinder durch die Beschäftigung mit Kunst und ästhetischen Inhalten mit allen Sinnen machen können, fördern aber nicht nur die Persönlichkeitsentwicklung. Es ergeben sich weitere Qualitäten, die auch in anderen Bildungsbereichen von Bedeutung sind: ganzheitliche Wahrnehmung, Kreativität, Neugier und Experimentierfreude, Konzentrations-, Kommunikations- und Teamfähigkeit sowie die Schulung der Feinmotorik.

Bei aller zielgerichteten Strukturierung der einzelnen Reihen und Stunden ist immer eine gewisse Offenheit (nicht Willkür!) z. B. für Anregungen von Kindern, Materialangeboten, Eltern, Situationen durchaus sinnvoll. Gestalterische Freiräume, das fächerverbindende Arbeiten, das Nutzen von Zufallsergebnissen, erweiterte Materialangebote oder weiterführende Erarbeitungen sind durchaus denkbar und natürlich absolut erwünscht.

Grundsätzlich ist die Unterrichtsgestaltung offen für die Mitgestaltung durch Kinder, Eltern oder sonstige Personen, die bei etwas aufwändigeren Themen manchmal hilfreich eingesetzt werden können. Dazu ist die genaue vorherige Abstimmung von Zuständigkeiten, Regeln oder bestimmten Aufgaben empfehlenswert. Wichtig ist fast immer die Vorstrukturierung des Raums und der Materialien, um Chaos oder Konflikte zu vermeiden. Klar abgegrenzte Bereiche für verschiedene Tätigkeiten (z. B. kleben, Pinsel auswaschen, zuschneiden) oder die Zuteilung von Materialien (einzelne Materialecken, ein Materialbüffett auf einem für alle zugänglichen Tisch) sind vorher zu bedenken und entsprechend zu arrangieren. Es lohnt sich, das in Ruhe mit den Kindern einzuüben.

Die Unterrichtsreihen sind thematisch auf den Ablauf des Schuljahres bezogen, die Abfolge kann aber durchaus frei bestimmt werden.
Zu jeder Einheit gehören ein kurzer Theorieteil zu Thema, Verfahren, Künstlern, Hintergründen usw., eine detaillierte Materialangabe und eine konkrete Beschreibung des Unterrichtsverlaufs, was die eigene Planung sehr erleichtert. Zusätzlich dokumentieren Fotos die beschriebenen Arbeitsprozesse und die Ergebnisse.

Die einzelnen Einheiten dieser Reihen stehen in einem logischen bzw. fachspezifischen Zusammenhang und sind in sich abgeschlossen. Einzelne Einheiten können ebenso realisiert werden wie die komplette Reihe. Alle Unterrichtseinheiten werden didaktisch-methodisch kurz kommentiert und sind nach einer einheitlichen Ablaufstruktur konzipiert:

Einstiegsphase

Sie dient zur Einstimmung auf die Stunde oder das Thema.

Erarbeitungsphase

Für diese muss ganz bewusst ausreichend Zeit eingeplant werden. Sie ist in der Regel grundlegend für den weiteren erfolgreichen Verlauf und muss besonders sorgfältig geplant werden. Alle Kinder sollten am Ende genau wissen, welche Aufgabe sie haben, was sie dazu benötigen, welche einzelnen Schritte sie beachten müssen und wie Werkzeuge bzw. Medien zu verwenden sind. Hier wird auch in kindgemäßer Form geklärt, wie die Zusammenarbeit oder gegenseitige Hilfestellung erfolgen kann und welche Kriterien für die abschließende Betrachtung, Auswertung, Beurteilung relevant sind.

Durchführungsphase

In dieser Phase arbeiten die Kinder selbstständig an ihren Kunstwerken. Die Lehrerin/der Lehrer kann einzelne Kinder unterstützen.

Auswertungsphase

In dieser Phase erfolgt eine Rückmeldung, wobei es um mehr als die subjektive Einschätzungen von schön oder nicht schön gehen sollte. Die vorher abgesprochenen Kriterien (s. Erarbeitungsphase) können dabei als Gesprächsanlass dienen. Eine Leistungsbewertung wird dadurch auch für die Kinder transparenter. Ein kontinuierliches Einbeziehen der Kinder bei der Bewertung sollte daher grundsätzlich erfolgen. Dabei geht es nicht nur darum, einzelne Arbeiten zu zensieren, sondern mehr um die Beurteilung von Anstrengung und Lernfortschritt sowie um soziale Leistung und Kompetenz, die sich im Prozess und im Produkt zeigen.

Einleitung

Seite	Titel	Fähigkeiten/Fertigkeiten	Aufgabenschwerpunkte	Kunstwerke/Künstler	Zeit
Kapitel 1: Von Schnecken, Hühnern und anderen Tieren					
10	Matisse: Mit der Schere zeichnen	• Collagetechnik anhand eines Kunstwerks kennenlernen • Mischtechnik kennenlernen und anwenden	• Gestaltung auf ihre Wirkung hin untersuchen • Farbiges Gestalten	• Henri Matisse: „Die Schnecke"	2 Stunden
15	Ein Tier aus bunten Vierecken	• Collagetechnik angeregt von einem Kunstwerk ausführen	• Szenisches Gestalten • Räumliches Gestalten		2 Stunden
18	Hühner sind kühner	• In Kunstwerken gestalterische Aspekte erkennen • Figurative Darstellung mit verschiedenen Techniken realisieren	• Verschiedene Ausprägung ästhetischer Gestaltung ausprobieren	• Iris Irene Stöber: „Kühne Hühner"	6 Stunden
Kapitel 2: Ich – mal anders					
25	Ich mal ganz bunt	• Farben in einem Kunstwerk auf ihre Wirkung untersuchen • Mischtechnik üben und als Verfremdung kennenlernen	• Farbiges Gestalten	• Alexej von Jawlensky: „Méduse"	2 Stunden
28	Ich werde zum Gespenst	• Schwarze und weiße Farbe als Verfremdung einsetzen	• Farbiges Gestalten		2 Stunden
30	Ich wäre so gern ein Prinz …	• Sich anhand eines Kunstwerkes in die Kindheit im 17. Jh. versetzen • Collage als Verfremdung einsetzen	• Räumliches Gestalten	• Charles Beaubrun: „Ludwig XIV. und Philipp I. von Orléans"	2 Stunden
33	Ich oder du? Wir beide!	• Optische Täuschung kennenlernen • Plastische Umsetzung einer optischen Täuschung in Form von Kippbildern realisieren	• Räumliches Gestalten	• Kippbilder: „Hase/Ente" und „Junge Frau/alte Frau"	2 Stunden
Kapitel 3: Waldgeisterfest im Herbst					
37	Kopfbedeckungen für ein Waldgeisterkostüm	• Kopfbedeckung auf einer Modefotografie untersuchen • Kopfbedeckung aus Naturmaterial gestalten	• Räumliches Gestalten	• Bruce Weber: Modefotografie	4 Stunden
42	Das Waldgeisterkostüm	• Kultische Masken der Bedik kennenlernen • Kostüm aus Naturmaterial gestalten	• Räumliches Gestalten	• Nils-Udo: „Kastanienblätter" • Carol Beckwith/Angela Fisher: Fotos der Bedik	4 Stunden
Kapitel 4: Marzipan und Zuckerguss – Konditoreispezialitäten der besonderen Art					
48	Pralinen für einen ganz besonderen Anlass	• Darstellung plastisch mit Knete realisieren	• Räumliches Gestalten	• Künstlerpralinen	4 Stunden
52	Tortenstücke	• In Kunstwerken gestalterische Aspekte erkennen • Plastische Materialien zur Gestaltung einsetzen	• Räumliches Gestalten	• Alfred Grimm: „Aachener Spring-Turnier-Torte" und „Hünxer-Deponie-Torte"	4 Stunden
55	Tortenausstellung	• Ausstellung planen und durchführen	• Präsentationstechniken kennenlernen und ausführen		4 Stunden
Kapitel 5: Unter Wasser – über Wasser					
58	Diskokugelfisch und Sockenbarsch	• Sich mit realen Fischabbildungen und Fischnamen beschäftigen • Figurative Darstellung mit Draht und Pappmaschee realisieren	• Räumliches Gestalten		6 Stunden
63	Gespensterschiff und Entspannungsboot	• Beschäftigung mit Schiffen aus Geschichte und Kunst • Darstellungen vollplastisch realisieren	• Räumliches Gestalten	• Alexis Leyva (Kcho): „La Regata" • „Donald-Duck-Boot" • Anatol: „Das Traumschiff Tante Olga"	6 Stunden

Seite	Titel	Fähigkeiten/Fertigkeiten	Aufgabenschwerpunkte	Kunstwerke/Künstler	Zeit
Kapitel 6: Puppen – vertraut und fremd					
69	Puppen einmal anders	• Kachina-Figuren der Pueblo-Völker kennenlernen • Stofftiere, Puppen damit vergleichen	• Gestaltung auf ihre Wirkung hin untersuchen	• „Ahöla", Kachina-Figur	2 Stunden
73	Meine Puppe kann …	• Figurative Darstellung mit Pappe realisieren	• Räumliches Gestalten	• „Kwahu", Adler-Kachina • „Yohozro Wuhti", Kälte bringende Frau	6 Stunden
77	Die etwas andere Puppenausstellung	• Ergebnisse im Rahmen einer Ausstellung präsentieren	• Präsentationstechniken kennenlernen und ausführen		4 Stunden
Kapitel 7: Tüten – mehr als eine unscheinbare Verpackung					
80	Ein Transportmittel für Stifte	• Sich zu einer Verpackungstechnik von einem Kunstwerk anregen lassen • Verpackung ohne Hilfsmittel wie Schere und Kleber realisieren	• Räumliches Gestalten	• Pieter Breughel d. Ä.: „Die Kinderspiele"	2 Stunden
82	„Sortiertüten" fürs Kinderzimmer	• Grafische Gestaltung von Tüten kennenlernen • Mit Collage und farbiger Gestaltung Tüten verändern	• Räumliches/grafisches Gestalten	• Fachhochschule für Druck: „Tüte"	4 Stunden
86	Die Riesenmilchtüte	• Technik des Vergrößerns anhand eines Kunstwerkes kennenlernen • Technik vollplastisch mit Kartons und Pappmaschee anwenden	• Räumliches Gestalten	• Claes Oldenburg und Coosje van Bruggen: „Auf ihren Inhalt gestützte Tube"	6 Stunden
Kapitel 8: Blütenträume					
90	Blüten sammeln	• Im Rahmen einer Exkursion Erfahrungen sammeln und festhalten	• Ergebnisse sammeln/grafisches Gestalten • Gestalten mit technisch-visuellen Medien		1 Vormittag
93	Blumen-Presse(n)	• Sich mit der Drucktechnik und ihrer Wirkung beschäftigen • Verschiedene Drucktechniken anwenden	• Grafisches/farbiges Gestalten	• Andy Warhol: „Flowers"	6 Stunden
100	Blüten formen	• Material Gips kennenlernen • Beschäftigung mit einem plastischen Kunstwerk aus Gipsteilen	• Räumliches Gestalten	• Christine Rokahr: „Die mulmige Pforte"	2 Stunden
106	Raumblüten	• Verschiedene Techniken wie Gips gießen, mit Gips formen kennenlernen			2 Stunden
108	Fühlblumen				2 Stunden
111	Blumeninseln	• Figurative Darstellungen vollplastisch mit Gips realisieren			2 Stunden
114	Blüten-Teppiche	• Technik des Filzens kennenlernen • Filzen und Ergebnisse zu einer Gemeinschaftsarbeit zusammenstellen	• Textiles Gestalten		2 Stunden

1 Von Schnecken, Hühnern und anderen Tieren

Thema und Intention

Tiere sind für Kinder ein reizvolles Thema. Im Mittelpunkt dieser Reihe stehen jedoch keine naturalistischen Darstellungen, sondern verschiedene Möglichkeiten, Tiere abstrakt darzustellen.

Mit Henri Matisse wurde ein bekannter, nicht mehr lebender Künstler ausgewählt. Der Papierschnitt „Die Schnecke" gefällt vielen Kindern durch seine Farbigkeit und seine Form. Die Schülerinnen und Schüler müssen die Linien erst einmal entschlüsseln, bevor sie in diesem Kunstwerk der Schnecke auf die Spur kommen. Im weiteren Verlauf der Reihe erhalten sie Einblicke in das Leben und die Arbeit einer heutigen Künstlerin. Die „kühnen Hühner" der Berlinerin Iris Irene Stöber sprechen Kinder durch die kleinen Geschichten an, die diese Zeichnungen erzählen. Beide Künstler haben eines gemeinsam: Sie spielen mit geometrischen Grundformen und reduzieren die Darstellung von Tieren auf eine einfache Form. Bei Matisse folgen die meist viereckigen Schnipsel einer imaginären spiralförmigen Linie, sodass eine Schnecke entsteht. Bei Stöber bildet eine Linie ein Dreieck, das in vielfältiger Form variiert wird. Durch die spärlich hinzugefügten Attribute wird das Dreieck von Kindern sofort als Huhn mit fast schon menschlichen Zügen erkannt. Beide Künstler erzielen durch die Vereinfachung neue Sichtweisen.

Kunsterfahrung findet in dieser Reihe im rezeptiven und produktiven Umgang gleichermaßen statt. Dabei soll sinnlichen Erfahrungen ausreichend Raum gewährt werden. Durch die verschiedenen Ausdrucks-

weisen, die die Kinder kennenlernen, erwerben sie Kompetenz im Umgang mit unterschiedlichen Techniken. Das Nachvollziehen von Entstehungsprozessen durch die eigenständige Wahl einer künstlerischen Technik aus einem Angebot soll zur Entwicklung von kreativen Fähigkeiten der Kinder beitragen, sodass sie sich verschiedener ästhetischer Ausdrucksformen bedienen können. Zudem lernen sie einen begrenzten Ausschnitt des künstlerischen Schaffens zweier Künstler kennen. So kann einerseits Verständnis für künstlerische Darstellungsmöglichkeiten geweckt, andererseits können im Umgang mit verschiedenen Materialien und Techniken verschiedene Gestaltungsaspekte nachvollzogen werden.

Informationen zur Unterrichtsreihe

Ziel der Reihe	Die Kinder erhalten Einblicke in die Arbeitsweise einer heutigen Künstlerin und eines historisch bedeutsamen Künstlers aus dem letzten Jahrhundert. Sie probieren Teile ihrer Arbeitsweisen aus, indem sie aus den eckigen Grundformen Dreieck und Viereck Tiere in abstrakter Form gestalten.
Aufbau der Reihe	• **Matisse: Mit der Schere zeichnen** – Buntpapier wie Matisse herstellen und seine Collage-Technik kennenlernen (Doppelstunde) • **Ein Tier aus bunten Vierecken** – Farbharmonien nachspüren und aus Buntpapier Tier-Collagen gestalten (Doppelstunde) • **Hühner sind kühner** – Hühnerzeichnungen von Iris Irene Stöber kennenlernen und verschiedene Aufgaben an Stationen bearbeiten (2–3 Doppelstunden)

1.1 Matisse: Mit der Schere zeichnen – Buntpapier wie Matisse herstellen und seine Collage-Technik kennenlernen

Material

Abbildung von Matisses „Die Schnecke" als Folie (s. S. 13), Overheadprojektor, Folienstift, Arbeitsblatt mit Foto und Text zu Matisse (s. S. 12), Arbeitsblatt zum Mischen von Farben (s. S. 14), Gouache- oder Schulmalfarben (Blau, Rot, Gelb, Schwarz), breite Pinsel, Wasserbehälter, Zeichenpapier (DIN A3), Malkittel, Paletten (Schraubdeckel oder Plastikteller) zum Mischen, Abdeckungen für die Tische

Ziel der Stunde

Die Kinder sollen den Künstler Henri Matisse und seine Technik „mit der Schere zeichnen" kennenlernen. Sie vollziehen seinen Gestaltungsprozess nach, indem sie selbst Buntpapier herstellen.

Begründung des Themas und Intention

Angesprochen durch die strahlenden Farben des Bildes von Matisse lassen die Kinder sich gern auf die Entschlüsselung der abstrakten Form ein. Sie entwickeln zunächst eigene Assoziationen, bevor sie die Gestalt der Schnecke nachvollziehen können. Nachdem sie über die Entstehung des Bildes informiert wurden und den Künstler bzw. seine Arbeitsweise kennengelernt haben, können sie selbst einen ähnlichen Prozess beginnen. Die Technik des Gouacheschnitts und der Papiercollage lässt sich auch von jüngeren Kindern gut nachvollziehen und in einem eigenen Gestaltungsprozess erproben. Sie lernen reine und gemischte Farben kennen und anwenden. So erweitern sie ihre Kenntnisse über Farbverwandtschaften, Mischmöglichkeiten und Farbkontraste. Bei der Herstellung des eigenen Buntpapiers können sie ihr Wissen über Farbzusammenhänge, reine und gemischte Farben einbringen und erproben.

Zum Künstler und zum Kunstwerk

Der französische Künstler Henri Matisse (1869–1954) begann 1887 zunächst ein Jurastudium. 1890 musste er es unterbrechen und wegen einer Blinddarmentzündung ein Jahr lang im Bett liegen. Seine Mutter schenkte ihm einen Malkasten zum Zeitvertreib und

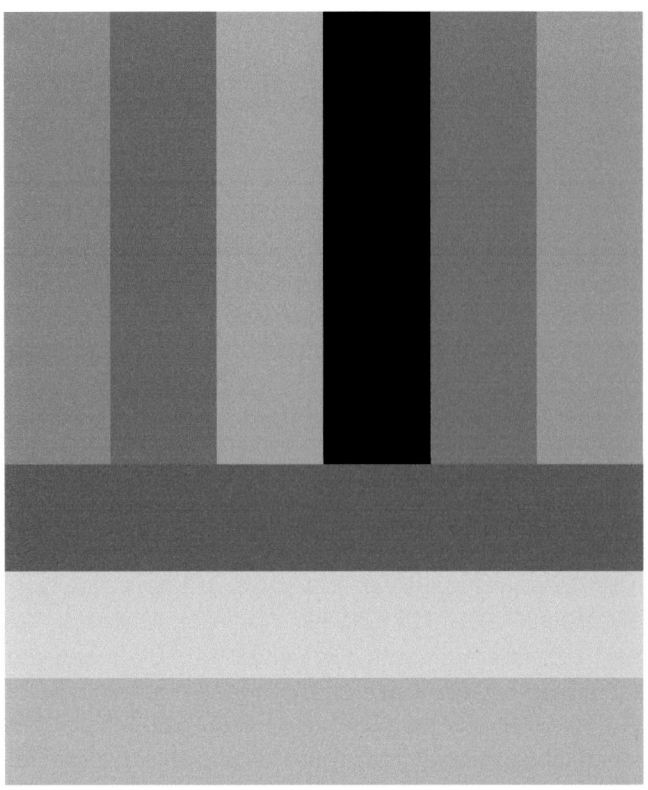

begründete so seine Laufbahn als Künstler. Denn er begann daraufhin zu malen, gab schließlich seinen Anwaltberuf auf und studierte in Paris Malerei. Von van Gogh, Gauguin und Cézanne beeinflusst, fand er bald seinen eigenen künstlerischen Stil. Er wurde berühmt als Mitstreiter der Fauvisten, die ab 1905 in Paris mit ihren kräftigen Farben für Aufsehen sorgten. Matisse beschränkte sich auf wenige, dafür besonders reine Farben. Später nahmen die reinen Farbflächen in seinen Arbeiten einen stärkeren Stellenwert ein. Neben der Malerei beschäftigte sich Matisse mit Lithografien, Linolschnitten und Skulpturen.

Anfangs belächelt, wurde er später auch vor allem wegen seiner leuchtenden Scherenschnitte, die er als alter bettlägeriger Mann anfertigte, geschätzt. Um 1943 wurde der Papierschnitt zum Hauptausdrucksmittel in der Arbeit des damals bereits krankheitsbedingt ans Bett gebundenen Künstlers. Denn mit dieser Technik konnte er weiterhin künstlerisch kreativ arbeiten. Er ließ von Assistenten Papierbögen mit Farbe einstreichen, aus denen er dann seine Figuren und freien Formen ausschneiden konnte. Die mit Gouache gefärbten Papierstücke wurden ausgeschnitten und auf die Unterlage geklebt. Die Technik ermöglichte es Matisse, buchstäblich mit der Schere zu malen und so sein Ideal einer flächigen synthetisierenden Malerei zu erreichen. Matisse nannte diese Technik dann auch „mit der Schere zeichnen". 1947 wurde eine Folge von Papierschnitten aus den Jahren 1943 bis 1944 unter dem Titel „Jazz" veröffentlicht, die im Schablonendruck vervielfältigt worden waren. Die Serie der „blauen Akte" entstand 1952, nur zwei Jahre vor seinem Tod. Matisse starb 1954 in Nizza.

„Die Schnecke" fertigte der Künstler 1953 an. Sie ist ein Bild aus seiner letzten Schaffensperiode. In dieser Phase neigten sich seine Werke zunehmend dem Abstrakten zu. Das Bild besteht aus großen eckigen, meist hellbunten Farbflächen. Als Ausgangspunkt für seine Papiercollage nahm Matisse die Form eines Schneckenhauses. Bei genauem Hinsehen ergeben die eckigen farbigen Felder die Form einer Schnecke. Sie sind auf einer spiralförmigen Linie wie bei einem Schneckenhaus angeordnet. Diese Komposition von farbigen Flächen auf weißem Grund wirkt auf den ersten Blick eher zufällig. Die Farben der Schnecke sind jedoch genauso überlegt wie die Form. Die Spannung zwischen der Eckigkeit der Formen und der Rundheit der Kurve ist ein völlig unerwarteter Effekt und bildet in Matisses Kunst ein Novum. Die einzelnen Farbflächen sind meist in leuchtenden Farben gestaltet, wobei Orange vorherrscht. Matisse wählte in diesem Bild Farbabstufungen und Komplementärkontraste. Die letzten Papierschnitte haben alle große Formate, so auch „Die Schnecke" mit 2,86 m × 2,87 m.

Hinweis

In der Farbtheorie gibt es drei Arten von Farben: Primär-, Sekundär- und Komplementärfarben. Rot, Gelb und Blau sind Primärfarben, da sie nicht aus anderen Farben gemischt werden können. Kombiniert man je zwei Primärfarben, so erhält man die Sekundärfarben Grün, Violett und Orange. Komplementärkontraste bilden die jeweilige Sekundärfarbe, die aus zwei reinen Farben gebildet wurde, und die verbleibende Primärfarbe, z. B. Grün und Rot. Komplementärfarbkontraste lassen die einzelnen Farben besonders leuchten.

Aufbau der Stunde

Einstiegsphase

Am besten eignet sich ein Stuhlkreis, um den Schülerinnen und Schülern das Bild „Die Schnecke" (s. S. 13) am Overheadprojektor oder an der Tafel als stummen Impuls zu präsentieren. Möglich wäre auch ein abschnittweises Aufdecken des Bildes, um die Neugier der Kinder zu erhöhen und ersten Vermutungen freien Lauf zu lassen.

Die Schülerinnen und Schüler beschreiben die Formen des Bildes und benennen die Farben. Was könnte hier dargestellt sein? Die Kinder äußern eigene Assoziationen. Als Impuls wird auf die Anordnung der Formen hingewiesen: Wandert mit euren Augen von einer Fläche zur nächsten. Als Hilfestellung kann ein Kind den Weg mit dem Finger auf der Folie zeigen.

Ausgangspunkt ist dabei die zentrale grüne Farbe. Welche Form entsteht? Habt ihr eine Linie gefunden? Mit einem Folienstift wird die spiralförmige Linie in das Bild hineingezeichnet. Die Kinder können jetzt die Schneckenform nachvollziehen und erkennen den Titel des Bildes als „Die Schnecke".

Erarbeitungsphase

Die Schülerinnen und Schüler erhalten nun das Arbeitsblatt über Henri Matisse (s. S. 12). Darauf sehen sie ihn als alten Mann im Rollstuhl und äußern sich zu diesem Foto. Die Aufmerksamkeit wird auf die Schnipsel am Boden, auf die Zeichen an der Wand und auf den Arbeitstisch gelenkt.

Anschließend lesen die Kinder den Text über den Künstler Matisse oder die Lehrerin/der Lehrer erzählt den Kindern aus seinem Leben und von der Entstehung des Bildes „Die Schnecke".

Durchführungsphase

Die Aufgabenstellung, Buntpapier für ein eigenes Bild in ähnlichen Farben wie Matisse herzustellen, wird den Schülerinnen und Schülern erklärt. Jede Tischgruppe arbeitet als Team zusammen und stellt nach Absprache untereinander „Buntpapier" in verschiedenen Farbtönen im DIN-A3-Format her.

Die Kinder decken die Tische ab und helfen sich gegenseitig, ihre Malkittel anzuziehen. Sie organisieren sich von einem zentralen Materialtisch breite Pinsel, Wasserbehälter, Zeichenpapier, Paletten zum Farbenmischen (Schraubdeckel oder Plastikteller) sowie Schulmalfarben in Blau, Rot, Gelb und Schwarz.

Das Mischen der Farbtöne Orange, Grün und Violett wird noch einmal anhand des Arbeitsblattes (s. S. 14) wiederholt bzw. besprochen. Eine Tafelanschrift hält die Mischungen fest.

Das Mischen von Farben kann auch mithilfe des Arbeitsblattes erarbeitet werden. Wird ein Farbkasten benutzt, sollten die Schülerinnen und Schüler als blaue Farbe Cyanblau und als rote Farbe Magentarot zum Mischen benutzen.

Die Schülerinnen und Schüler einigen sich anschließend untereinander, wer in welcher Farbe Buntpapier herstellt. Jedes Kind sollte zwei bis drei Blätter Buntpapier herstellen. Einzelne Farben können häufiger vorkommen. Beim Einstreichen der Blätter sollte die Farbe möglichst in einer Richtung aufgetragen werden.

Auswertungsphase

Die Blätter werden zum Trocknen ausgelegt. Hierfür wird kurzfristig viel Platz benötigt. Jede Gruppe überprüft, ob sie eine ähnliche Vielfalt an Farbtönen hergestellt hat wie Matisse. Das Buntpapier jeder Tischgruppe wird gekennzeichnet und nach dem Trocknen für die Weiterarbeit bereitgelegt.

Henri Matisse

Henri Matisse war ein berühmter französischer Künstler. Er lebte in Frankreich und starb 1954 im Alter von 85 Jahren in Nizza. Matisse hat in seinem Leben viele Bilder gemalt. Er liebte kräftige bunte Farben.

Als der Künstler schon sehr alt und krank war, wohnte er in Nizza in einem Hotel. Er konnte sich nur sehr schlecht bewegen und lag oft in seinem Bett oder er saß im Rollstuhl. Da erfand er eine neue Art zu malen: mit der Schere zeichnen. Dazu benutzte Matisse bunte Papierschnipsel, die er zu Bildern zusammenlegte.

Bevor der Künstler anfing, sein Bild zu „zeichnen", hielt er vielleicht eine Schnecke in seiner Hand. Er drehte sie hin und her und betrachtete sie so lange, bis er sich ihre Form in seinem Kopf genau vorstellen konnte.

Seine Helfer bemalten riesige Blätter in ganz kräftigen Farben. Dann schnitt Matisse mit einer langen, scharfen Schere große Formen aus. Das kleinste Stück ist so groß wie ein Kissen, andere Stücke sind so groß wie ein Tisch, das größte Stück ist so groß wie eine Tür. Die Helfer hefteten die Formen auf ein riesiges Stück weißes Papier. Matisse ließ die großen Schnipsel immer wieder anders hinlegen. Bis er zufrieden war, wie die Farben und Formen zusammenwirkten, dauerte es lange. Zum Schluss wurden die farbigen Schnipsel nach Anweisungen des Künstlers an die passende Stelle geklebt.

Henri Matisse: Die Schnecke, 1953

Farben mischen

Male Farbe auf deinen Finger und drucke sie in das Feld.

◯ + ◯ = ◯

Rot   Gelb   _____

◯ + ◯ = ◯

Blau   Gelb   _____

◯ + ◯ = ◯

Rot   Blau   _____

Male die Grundfarben und ihre Mischfarben in die Felder. Schreibe die Mischfarben auf.

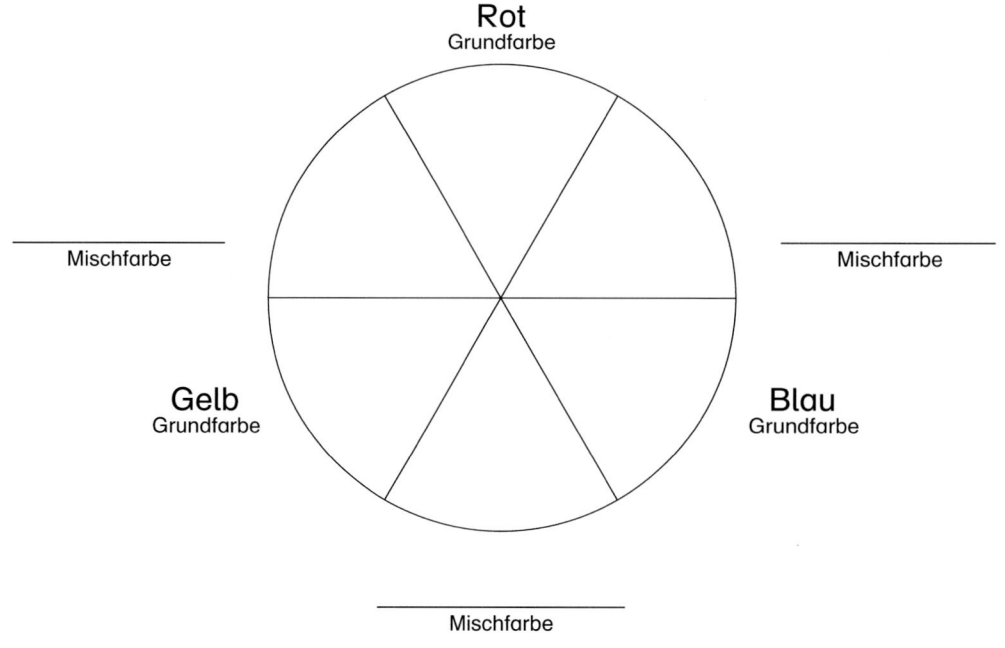

Rot
Grundfarbe

_____
Mischfarbe

_____
Mischfarbe

Gelb
Grundfarbe

Blau
Grundfarbe

_____
Mischfarbe

KOPIERVORLAGE

1.2 Ein Tier aus bunten Vierecken – Farbharmonien nachspüren und aus Buntpapier Tier-Collagen gestalten

Material

Buntpapiere in „Matissefarben", eventuell auch die Folie „Farbkontraste" (s. S. 17), Overheadprojektor, Musikinstrumente aus dem Orff-Instrumentarium (z. B. Glockenspiel), Abbildung von Matisses „Die Schnecke" als Farbfolie (s. S. 13), Farbstreifen in Blau, Rot und Orange oder Gelb, selbst hergestelltes Buntpapier, große Scheren, Klebestifte oder flüssiger Klebstoff, weißes Tonpapier oder ähnlich stabiles Papier in großen Formaten (DIN A2), Fernrohr

Ziel der Stunde

Die Schülerinnen und Schüler sollen den Klang von Farben und Farbharmonien nachspüren und den Gestaltungsprozess von Matisse nachvollziehen, indem sie aus selbst hergestelltem Buntpapier ein mehr oder weniger abstraktes Tier gestalten. Dabei sollen sie versuchen, Farbharmonien kreativ umzusetzen.

Begründung des Themas und Intention

Nachdem die Kinder in der vorangegangenen Stunde Matisse und seine „Schnecke" kennengelernt und einen Teil des Entstehungsprozesses des Kunstwerks nachvollzogen haben, sollen sie sich nun auf die Farbenwelt von Matisse einlassen. Das Planen und Erleben der ästhetischen Prozesse soll auf der Basis differenzierter Wahrnehmung erfolgen, damit die Kinder ihre Wahrnehmungsfähigkeit und ihr Vorstellungsvermögen entfalten können. Die Schülerinnen und Schüler sollen Farbwirkungen aufspüren und erkunden sowie zueinander in Beziehung setzen. Dabei sollen sie Farben auch mit Klängen in Verbindung bringen und klangmalerisch beschreiben. Wichtig ist, dass die eigenen Wahrnehmungen reflektiert werden, da Farben verschiedene Gefühlszustände ausdrücken, die individuell unterschiedlich aufgefasst werden. Außerdem soll ausprobiert werden, wie sich Farben ändern, wenn sie mit anderen zusammenstehen und z. B. Komplementärkontraste gebildet werden. Bei der Gestaltungsaufgabe sollen die Kinder ein mehr oder weniger abstraktes Tier aus geometrischen Formen gestalten, die aus dem selbst hergestellten Buntpapier geschnitten werden. Aus eckigen Farbflächen können die Kinder ein Tier komponieren und dabei eigene Vorlieben für Farbharmonien und Wirkungen ausprobieren.

Aufbau der Stunde

Einstiegsphase

Die Schülerinnen und Schüler erinnern sich an „Die Schnecke" von Matisse und versuchen aus dem Gedächtnis, die Farben des Bildes zu benennen. Sie vergleichen die genannten Farben anschließend mit der nun gezeigten Folie (s. S. 13) und ergänzen gegebenenfalls noch nicht genannte Töne.

Erarbeitungsphase

Die Schülerinnen und Schüler sitzen im Stuhlkreis. In der Mitte liegen 9 Streifen in den „Matissefarben" (s. S. 17) sowie um dieses Buntpapier herum verschiedene Musikinstrumente aus dem Orff-Instrumentarium. Alternativ wird die Folie „Farbkontraste"

(s. S. 17) an die Wand projiziert. Die Lehrerin/der Lehrer erklärt den Kindern, dass Matisse behauptet hat, Farben können singen. Einzelne Kinder spielen nun ein Instrument vor, die anderen schließen die Augen und versuchen, diesem Klang eine Farbe zuzuordnen. Dabei wird es sicherlich unterschiedliche Ansichten geben. Gleichzeitig sollen die Kinder diesen Farbklang mit Adjektiven wie z. B. hell, leuchtend, dunkel, schrill beschreiben. Die Zuordnung kann auch in umgekehrter Reihenfolge vorgenommen werden, indem die Kinder versuchen, für eine bestimmte Farbe einen passenden Klang zu finden.

In einem zweiten Schritt soll nun versucht werden, Matisses Aussage, dass manche Farben leuchtender erscheinen, wenn sie mit bestimmten anderen Farben zusammen sind, zu untersuchen. Dafür werden Farbstreifen in den Grundtönen über mehrere Farbfelder gelegt. Die Kinder versuchen nun herauszufinden, wann die Farbkontraste besonders intensiv erscheinen. Grundfarben und Mischfarben können an der Tafel mit entsprechenden Farbkarten oder in Worten festgehalten werden.

Durchführungsphase

Diese „Erkenntnisse" können für die Gestaltungsaufgabe genutzt werden. Aufgabe ist es nun, aus dem eigenen Buntpapier eine Papiercollage aus eckigen Papierstücken herzustellen. Die Kinder erinnern sich an die Arbeitsweise „mit der Schere zeichnen" von Matisse. Es werden Tiere gesucht, die sich gut in einer Linienform darstellen lassen. Neben der Schnecke

können z. B. auch Schlangen oder Schmetterlinge entstehen. Die eckigen Formen sollen möglichst groß geschnitten werden, dann auf dem Tonpapier ausgelegt und so lange variiert werden, bis die Farben und Formen gut miteinander harmonieren.

Die Kinder versorgen ihre Arbeitsplätze mit großen Scheren, Klebstoff und großen Bögen Papier. Das selbst hergestellte Buntpapier wird für alle Kinder eines Gruppentisches in die Mitte gelegt. Es wird geschnitten, gelegt, umgelegt und zum Schluss aufgeklebt. Eventuell kann noch mit dem restlichen Papier ein Rahmen gestaltet werden.

Auswertungsphase

Die fertigen Arbeiten werden im Klassenraum aufgehängt. Analog zum Spiel „Ich sehe was, was du nicht siehst" erhält ein Kind ein Fernrohr. Es sucht sich ein Bild aus und beschreibt es den anderen. Die Schülerinnen und Schüler erraten, welches Bild ausgesucht wurde und überlegen, welche Gedanken sich die „Künstlerin" oder der „Künstler" bei der Auswahl der Farben und Farbkontraste gemacht hat.

Literatur

JACOBUS, JOHN: Henri Matisse, Köln 1989

NÉRET, GILLES: Henri Matisse, Köln 1996

FAERNA, JOSE MARIA (HG.): Henri Matisse, Dresden/ Basel 1995

KIRCHNER, C./KIRSCHENMANN, J.: Tiere und Natur in der Kunst, Seelze 1997

Farbkontraste

17

Lege einen roten, blauen und gelben Farbstreifen auf die bunten Felder und untersuche, mit welchen Farben Rot, Gelb und Blau besonders leuchten.

1.3 Hühner sind kühner – Hühnerzeichnungen von Iris Irene Stöber kennenlernen und verschiedene Aufgaben an Stationen bearbeiten

Material

Krabbelsack mit Quadrat, Rechteck, Dreieck, Abbildungen von den kühnen Hühnern als Folie (s. S. 21), Overheadprojektor, Kopien des Interviews (s. S. 20), Website: www.iris-irene-stoeber.de (Computeranimation), Stationskarten (s. S. 22/23), Fotokopie der Abbildungen, schwarze oder blaue und rote Wolle, Pastellkreiden oder Aquarellstifte in unterschiedlichen Farben, roter Pfeifenputzerdraht, weiße Federn, Draht, Gipsbinden, rote Knete, Bleistifte, Buntstifte, Klebestifte, flüssiger Klebstoff, Scheren, rote Deckfarbe oder Schulmalfarbe, Pinsel, blaues Tonpapier, Zeichenpapier

Ziel der Stunde

Die Kinder sollen die Arbeiten der Künstlerin Iris Irene Stöber kennenlernen, versuchen, die Bildzeichen zu interpretieren und später mit diesen Bildzeichen verschiedene Gestaltungsaufgaben selbst kreativ umsetzen.

Begründung des Themas und Intention

Kunstunterricht sollte den Kindern auch aktuelle Kunstrichtungen vermitteln und in die Arbeitsweise lebender Künstler einführen. Daher sollen die Kinder in dieser Einheit den Zyklus „Hühner sind kühner" der Künstlerin Iris Irene Stöber kennenlernen und einem Interview Informationen über sie entnehmen. Die Arbeiten von Iris Irene Stöber sprechen Kinder in besonderem Maße an, da sie sie auch ohne Worte verstehen. Sie können die humorvollen comicartigen Bildzeichen entschlüsseln und zu den Bildern Geschichten erzählen.

Die Kinder beschäftigen sich an verschiedenen Stationen mit Gestaltungsaufgaben, aber auch mit fächerübergreifenden Aufgaben zum Freien Schreiben und zum Lesen. Da die meisten Aufgaben nur wenige Vorinformationen verlangen, können sie von Kindern schon gut selbstständig bewältigt werden. Sinnvoll ist auch Partnerarbeit an den Stationen, da sich die Schülerinnen und Schüler so gegenseitig bei der Informationsentnahme und der Beschaffung des Materials helfen können. Abbildungen auf den Stationskarten und die bereitgestellten Materialien geben zusätzliche Informationen zur Arbeit.

Dabei werden die Kinder in einem Interview Einblicke in das Leben und die Arbeitsweise der Künstlerin erhalten und selbst kreativ mit unterschiedlichen Materialien „kühne Hühner" herstellen. Sie sollen sich dabei mit den Möglichkeiten der Dreiecksform auseinandersetzen und verschiedene Ausdrucksformen und Bewegungsmöglichkeiten des Huhns (rennen, fliegen, stehen) ausprobieren. Die Stationen haben Angebotscharakter und müssen nicht von allen Kindern bearbeitet werden. Da die Station 8 „Hühnerskulptur" etwas aufwendiger ist, kann sie auch, falls neben der Lehrerin hier keine weitere Hilfe gestellt werden kann, mit der ganzen Klasse zum Abschluss gefertigt werden.

Zur Künstlerin und ihren Kunstwerken

Iris Irene Stöber wurde 1956 in Dortmund geboren. Nach dem Abitur in Bottrop hat sie zunächst ein Kunstgeschichtsstudium in Freiburg begonnen, jedoch nach zwei Jahren eine handwerkliche Laufbahn eingeschlagen. Schließlich studierte sie drei Jahre an der Hochschule der Künste in Berlin am heutigen Institut für Kunst im Kontext. Danach hat sie hauptberuflich mit Kindern, Mädchen und Jugendlichen interkulturelle Wandmalprojekte durchgeführt. Jetzt ist sie freischaffende Künstlerin und Dozentin. Sie arbeitet immer noch mit Kindern und Jugendlichen, hauptsächlich stellt sie Computeranimationen, Zeichnungen und Drucke her. Sie zeigt ihre Werke im In- und Ausland. Die seriellen Hühnerzeichnungen von Iris Irene Stöber benutzen das Dreieck als Form und als Symbol. Sie nennt diesen Bilderzyklus „Hühner sind kühner". Das Huhn ist reduziert auf die Dreiecksform, das Huhn steht als Zeichen, das keines mehr ist, weil es Charakterträger wird. Im Zusammenhang mit der Computeranimation hat Iris Irene Stöber eine reduzierte lineare Bildsprache entwickelt, die von einer Grundform ausgeht und sowohl formal als auch inhaltlich eine Geschichte entfaltet. Das sieht z. B. so aus: Ein gleichschenkliges Dreieck, auf die Spitze gestellt, wird zum Huhn. Dieses Dreieck ist ambivalent. Es kann in einer anderen Geschichte zum Kopf des Hundes werden oder zum Hühnerdieb, der die Hühner verfolgt. Die Hühner bekommen Herzrasen und aus dem Dreieck wird ein Herz usw. In der linearen Bildersprache finden sich neben der Grundform des Dreiecks auch noch andere figurative Darstellungen wie der Kreis als Symbolform für Sonne und Mond. Die bevorzugten Techniken sind Aquarellzeichnung und Siebdruck.

Für die Arbeit mit Grundschulkindern eignen sich besonders zwei kleine Szenen. Auf dem ersten Bild begegnen sich zwei Hühner, die sich keck gegenüberstehen. Diese Szene fordert geradezu einen Dialog heraus. In der zweiten Szene sehen wir eine Bildfolge aus zwei Bildern. Ein Huhn sieht sich in einem Spiegelei, entdeckt das Spiegelei als Spiegel und marschiert angetan von seinem eigenen Spiegelbild stolz in die Welt hinaus.

Aufbau der Stunde

Einstiegsphase

Im Sitzhalbkreis geht ein Krabbelsack mit einem Quadrat, einem Rechteck und einem Dreieck aus Holz oder Pappe herum. Die Kinder ertasten die Formen. Die Lehrerin/der Lehrer erinnert eventuell an die letzten Kunststunden zu Matisse und lenkt die Kinder gezielt auf das Thema. Könnt ihr euch ein Tier vorstellen, was man aus einem Dreieck entstehen lassen kann? Die Kinder se-

hen nun einen Ausschnitt der Folie mit den Hühnern (s. S. 21) und beschreiben es. Welche Ecke des Dreiecks stellt welches Körperteil dar? Das stilisierte Huhn kann auch mit einem echten Huhn (Bild) verglichen werden. Die Kinder überlegen sich einen Dialog, den die beiden Hühner führen könnten.

Erarbeitungsphase

Eine kleine Geschichte wird nun mit der Folie „Spiegelei" (s. S. 21) aufgelegt. Die Kinder beschreiben die Bilder und erkennen die Doppeldeutigkeit des „Spiegeleis": Es funktioniert auch als Spiegel. Die Haltung und Überraschung des stolzen Huhns werden gedeutet. Die Kinder erhalten Informationen über die Künstlerin in Form des Interviews (s. S. 20). Anschließend wird das Ziel, sich mit diesen Hühnern auf verschiedene Weise zu beschäftigen, transparent gemacht. Die Stationen werden vorgestellt, das Material demonstriert und die Arbeitsweise erklärt. Gearbeitet werden kann in Partnerarbeit.

Durchführungsphase

Die Kinder entscheiden sich für eine Station, lesen die Stationskarten sorgfältig, organisieren sich die entsprechenden Materialien und bearbeiten ihre Aufgabenstellung. Fertige Arbeiten werden gesammelt. Die Stationsarbeit wird in den nächsten Stunden fortgesetzt.

Auswertungsphase

Jede Gruppe wählt eine Arbeit aus und stellt sie der gesamten Klasse vor.

Die Kinder berichten von ihrer Zusammenarbeit und erzählen kleine Geschichten von ihren Hühnern.

Internetadresse

www.iris-irene-stoeber.de

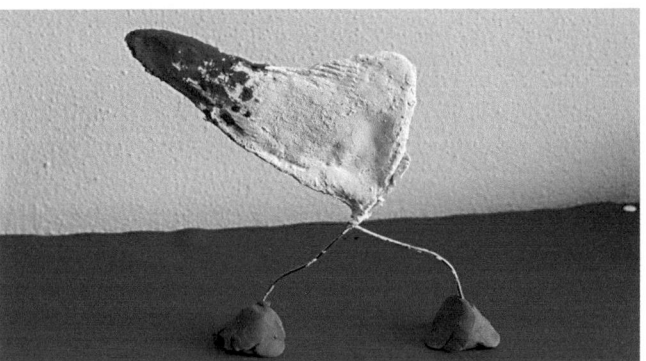

Iris Irene Stöber

Interview

Wie sind Sie Künstlerin geworden?

Ich war schon als Kind von Kunst umgeben. Meine Mutter war künstlerisch sehr begabt, mein Vater liebte und sammelte Kunst und schrieb Gedichte.

Trotzdem habe ich zuerst ein paar Semester Kunstgeschichte studiert und ein Handwerk gelernt, das schien sicherer. Doch mein Drang, künstlerisch zu arbeiten, wurde immer stärker. Es war sicher auch ein Freiheitsdrang, ein Bedürfnis, meine eigenen Ideen umzusetzen und etwas auszudrücken, von dem ich nicht wusste, was es war. Die berufliche Realität und das Geldverdienen mit Kunst erfordern natürlich auch wieder viele Einschränkungen.

Wie sind Sie zu den Hühnern gekommen?

1992 war ich zu Besuch in Ghana, das liegt in Westafrika. Ich saß dort im Hof meiner Gastgeberin und zeichnete aus Zeitvertreib und Übung die dort herumflitzenden Hühner. Ich zeichnete auch Kinder, Nachbarn, Hunde und ein Schaf. Was blieb war das Huhn. Zwei Jahre später bemerkte ich beim Malen, dass ich ein Huhn ansah. Vielleicht war es ein Ei, das kam mitsamt dem Huhn. Bei mir entsteht immer etwas aus einer Form, die mich interessiert oder inspiriert. In den Jahren 1994 bis 1995 beschäftigte ich mich mit dem Dreieck als Form. Schließlich wurde aus dem Dreieck ein Huhn in Rot und Blau.

Ich denke mir gerne Geschichten aus, die ich versuche, mit so wenig Linien wie möglich darzustellen. Besonders sind die Momente, wo etwas entsteht, ohne dass ich mir etwas vornehme. Dafür brauche ich die sogenannte Muße. Diese lässt manchmal lange auf sich warten.

Woran arbeiten Sie gerade?

Im Moment beschäftige ich mich mit Geschichten, die man aus einem Kreis und einer Sichel (einem Mond) erzählen und zeichnen kann.

Welche Tiere zeichnen Sie sonst noch?

Die Tiere, die ich im Moment gerne zeichne, sind schwarze Vögel, schwarze Krähen zum Beispiel, die in Berlin in großen Schwärmen die Stadt unsicher machen und sich überall zum Zeichnen anbieten. Aus diesen Skizzen entstand die Idee für meine „Mondvögel".

Iris Irene Stöber: Hühner sind kühner

Iris Irene Stöber: Zwei Hühner begegnen sich

Iris Irene Stöber: Spiegelei

Station 2

Aufgabe: Zeichne zuerst aus einem Dreieck ein Huhn und lege das Huhn mit schwarzer und roter Wolle nach.

Du brauchst: weißes Papier, Bleistift, rote und schwarze Wolle, Klebestift

Station 4

Aufgabe: Was sagen die beiden Hühner, als sie sich treffen? Schreibe einen Text in Sprechblasen.

Du brauchst: Bleistift, Abbildung „Zwei Hühner begegnen sich"

Station 1

Aufgabe: Schreibe zu den Bildern eine kleine Geschichte.

Du brauchst: Stift, Papier, Abbildung „Spiegelei"

Station 3

Aufgabe: Zeichne ein Huhn, das rennt oder fliegt. Klebe den Körper aus Federn. Nimm roten Pfeifenputzerdraht für die Beine und rote Wolle für den Kopf.

Du brauchst: Tonpapier, weiße Federn, roten Pfeifenputzerdraht, eine Schere, flüssigen Klebstoff, rote Wolle, Bleistift

Station 5

Aufgabe: Erfinde selbst eine eigene Hühnergeschichte und zeichne sie mit bunten Stiften.

Du brauchst: Papier, Buntstifte oder Aquarellstifte oder Pastellkreide

Station 6

Aufgabe: Erfinde aus einem Dreieck oder Viereck oder Kreis ein eigenes Tier.

Du brauchst: Papier, Bleistift

Station 7

Aufgabe: Schaue dir mit einem Partner Hühnergeschichten im Internet an.
Sucht euch jeder eine Geschichte aus und erzählt sie euch.

Du brauchst: www.iris-irene-stoeber.de (Computeranimation)

Station 8

Aufgabe: Baue aus Draht und Gipsbinden ein kühnes Huhn. Biege zuerst den Draht. Fange an der langen Seite des Dreiecks an. Biege dann die Beine, indem du den Draht an der unteren spitzen Seite des Dreiecks umeinanderdrehst. Du kannst dein Huhn jetzt noch formen.
Schneide von der Gipsbinde 10 cm lange Stücke ab, tauche sie kurz in etwas Wasser und lege sie um dein Drahthuhn. Lass das Huhn trocknen.
Nun kannst du mit roter Farbe den Kopf malen.
Forme aus roter Knete Füße für dein Huhn und stelle es hin.

Du brauchst: Stück Draht 30–40 cm lang, ca. 50 cm Gipsbinde, Wasser, rote Farbe, Pinsel, rote Knete

2 Ich – mal anders

Thema und Intention

Das eigene Foto als Momentaufnahme ist Kindern immer einen Kommentar wert. In dieser Reihe sollen die Schülerinnen und Schüler sich mit ihrem eigenen Porträt auseinandersetzen. Sie erstellen voneinander selbst Fotos oder die Lehrerin/der Lehrer fotografiert die Kinder. Anschließend werden die Abzüge auf DIN-A4-Format vergrößert und mehrmals kopiert. An diesen Kopien können die Kinder mit verschiedenen Techniken Veränderungen ausprobieren.

Das fotografische Ausgangsmaterial wird in vielfältiger Weise gestaltet durch Übermalen mit Farbe oder in Schwarz-Weiß, durch Collage, durch Zerschneiden und neues Zusammensetzen.

So entwickeln sich in Anlehnung an ausgewählte Künstler, aber auch angeregt durch verschiedene Rahmenhandlungen aus den Kopien eines Porträtfotos zahlreiche unterschiedliche Bilder der Kinder. Die Schülerinnen und Schüler können sich selbst verändern sowie neu und andersartig erleben. Eine neue Identität kann angstfrei erprobt werden. Visuelle Phänomene werden sensibel wahrgenommen, interpretiert und gestaltet bzw. umgestaltet. Durch die Auseinandersetzung mit Porträts von bekannten Künstlern soll Interesse an künstlerischen Vorlagen geweckt werden. Das Gestalten der eigenen Porträts wird mit farblichen und grafischen Mitteln sowie Techniken des Collagierens und Experimentierens mit verschiedenen Materialien kreativ umgesetzt. Im Umgang mit farblichen und grafischen Mitteln können die Kin-

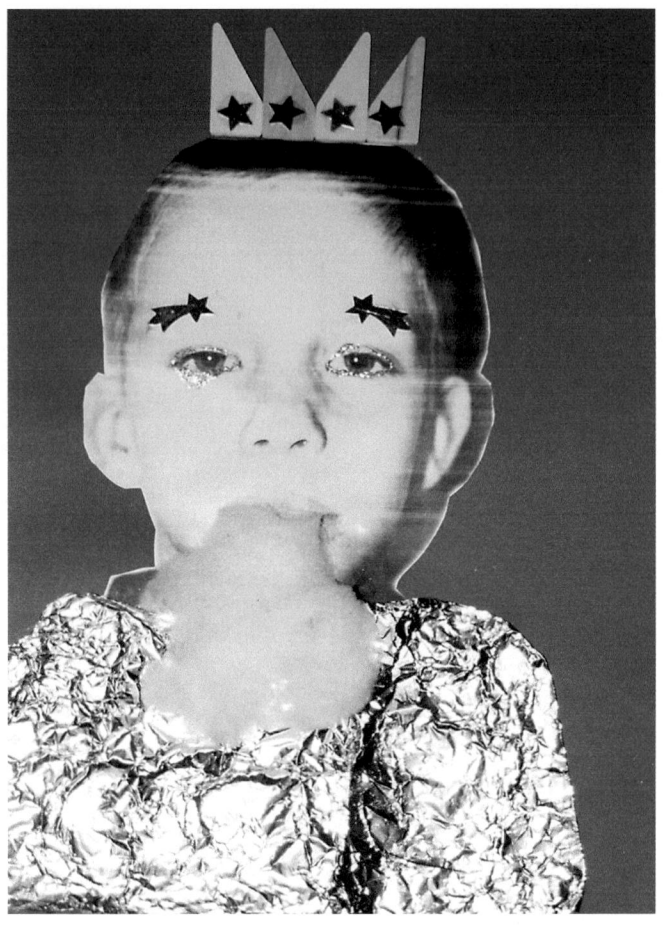

der Farben mit Stimmungen und Empfindungen in Zusammenhang bringen. Durch die unterschiedlichen Techniken wird das kreative Gestalten gefördert.

Informationen zur Unterrichtsreihe

Ziel der Reihe	Die Kinder sollen sich mit verschiedenen kreativen Gestaltungsmöglichkeiten von Porträts auseinandersetzen und sie an Kopien ihres Fotos ausprobieren.
Aufbau der Reihe	● **Ich mal ganz bunt (Expressionistische Porträts)** – Jawlenskys expressionistische Malerei als Ausgangpunkt für eigene Experimente mit Form und Farbgestaltung (Doppelstunde) ● **Ich werde zum Gespenst** – Porträts mit schwarzer und weißer Farbe als Gespenstergesichter gestalten (Doppelstunde) ● **Ich wär so gern ein Prinz** – Mit Stoffresten und weiteren Materialien Prinzessinnen- und Prinzenporträts gestalten (Doppelstunde) ● **Ich oder du? Wir beide!** – Aus zwei Porträts Kippbilder gestalten (Doppelstunde)

2.1 Ich mal ganz bunt – Jawlenskys expressionistische Malerei als Ausgangspunkt für Experimente mit Form und Farbe

Material

Abbildung von Jawlenskys „Méduse" als Folie (s. S. 27), Overheadprojektor, Farbkarten in den Farben des Bildes, Kopie eines Porträtfotos von jedem Kind in DIN-A4-Größe, Schultemperafarben (Grundfarben und Schwarz), evtl. schwarzer Filzstift, Borstenpinsel, Deckel von Schraubgläsern für die Farben und zum Mischen, Malkittel, Material zum Abdecken der Tische, ggf. Föhn

Ziel der Stunde

Die Kinder sollen die Technik der Konturierung und Aufteilung eines Gesichts in farbige Flächen am Beispiel von Jawlenskys „Méduse" kennenlernen und in der bildnerischen Gestaltung des eigenen Porträts in ersten Ansätzen umsetzen.

Begründung des Themas und Intention

Das Übermalen einer Kopie des eigenen Fotos stellt für die Schülerinnen und Schüler einen besonderen Anreiz dar, die eigene Person wahrzunehmen und sich mit sich selbst auseinanderzusetzen. Sie können sich so auf ungewohnte Art erleben. Die Verfremdung bereitet den Kindern viel Spaß und eröffnet ihnen neue Möglichkeiten des Selbstbildes. Diese Gestaltungsprozesse können zur Stärkung des Selbstwertgefühls beitragen.

Die Kinder lernen den Umgang mit Temperafarben, die sich wegen ihrer Deckkraft und Konsistenz sehr gut eignen. Beim Übermalen der Augenpartie üben die Kinder den Einsatz eines möglichst feinen Borstenpinsels. Beim Übermalen der Gesichtsflächen sollen sie Komplementärkontraste ausprobieren und die Flächen plakativ ausgestalten. Für die Konturen und Gesichtslinien können sie Schwarz oder eine andere dunkle Farbe benutzen.

Zum Künstler und zum Kunstwerk

Alexej von Jawlensky (1864–1941) wurde in Russland geboren und war bis zu seinem 32. Lebensjahr Offizier. 1896 zog er mit der Malerin Marianne von Werefkin nach München, wo er seine späteren Malerkollegen Wassily Kandinsky und Gabriele Münter kennenlernte, mit denen ihn eine lange Freundschaft verband. 1907 gründete er mit seinen Freunden die „Neue Künstlervereinigung" und später den „Blauen Reiter".

Nach Jahren in der Schweiz und Italien zog Jawlensky 1921 nach Wiesbaden. 1924 gründete er zusammen mit Kandinsky, Klee und Feininger die Gruppe „Die Blauen Vier". 1933 wurde er in Deutschland mit einem Ausstellungsverbot belegt, 1937 wurden alle in öffentlichen Sammlungen befindlichen Bilder (72) beschlagnahmt. Lähmungserscheinungen von Hand- und Kniegelenken zwangen Jawlensky immer mehr, die Malerei auf kleine Formate einzuschränken und schließlich 1938 ganz aufzugeben. Er starb 1941 in Wiesbaden.

Jawlensky malte die „Méduse" 1923. Die Figur der „Medusa" (griech. „die Herrin") entstammt der griechischen Mythologie. Sie war die sterbliche und die furchtbarste der drei Gorgonenschwestern. Jeder, der Medusas Haupt erblickte, wurde auf der Stelle zu Stein.

Das Bild ist nur mit einfachen Umrissen und ungebrochener intensiver Farbgebung u. a. in Komplementärfarben gearbeitet. Die malerischen Mittel sind sparsam, aber intensiv. Auch andere Bilder aus dieser Zeit zeigen eine große Vereinfachung in der Form und höchste Intensität in der Farbigkeit. Die vorherrschenden Farben sind Orange, Blau, Kadmiumgelb, Chromoxydgrün, ein helles Violett und vor allem Rot.

Den Umrissen hat Jawlensky eine neue erweiterte Bedeutung gegeben. Mehr als nur zur Begrenzung des Gegenstandes sind sie ein wesentliches Element der Flächendynamik im Bild. Er ließ Schattierungen sowie Formübergänge weitgehend beiseite und setzte stattdessen klare Flächen gegeneinander.

Aufbau der Stunde

Einstiegsphase

Den Schülerinnen und Schülern wird zu Beginn der Stunde das expressionistische Porträt „Méduse" von Jawlensky (s. S. 27) als stummer Impuls im Stuhlhalbkreis an der Tafel oder auf dem Overheadprojektor präsentiert. Die Kinder äußern Eindrücke und suchen einen Titel für das Bild. Anschließend erhalten sie den Namen des Künstlers, einige Informationen zum Leben von Jawlensky werden durch die Lehrerin/den Lehrer gegeben.

Erarbeitungsphase

Die Schülerinnen und Schüler äußern sich zu dem Bild „Méduse". Sie benennen die Farben und ordnen entsprechende Farbkarten zu. Die einzelnen Gesichtspartien werden bezeichnet und ihre Farben beschrieben. Auf die dunklen Gesichtslinien wird hingewiesen. Diese können mit Kreide oder Folienstift besonders hervorgehoben werden. Abschließend beschreiben die Schülerinnen und Schüler die Gefühlslage von Méduse.

Durchführungsphase

Die Schülerinnen und Schüler organisieren ihre Arbeitsmaterialien für die Gruppentische: Pinsel, Grundfarben und Schwarz, Schraubdeckel oder Plastikteller für die Farben und zum Mischen weiterer Farben. Sie ziehen sich Malkittel an und decken die Tische ab. Bei der Gestaltung sollen die Kinder passende Farben wählen, sie ggf. mischen und das ganze Foto übermalen. Beim Malen der einzelnen Farbflächen ist darauf zu achten, dass die Nachbarflächen schon etwas angetrocknet sind, um ein Ineinanderlaufen von Farben zu verhindern. Die Gesichtslinien ziehen sie anschließend in einer dunklen Farbe nach. Möglich ist dabei auch die Verwendung eines dicken schwarzen Filzstifts. Wichtig ist, dass das übermalte Porträt trocken ist. Gegebenenfalls kann ein Föhn benutzt werden.

Auswertungsphase

Die gemeinsame Betrachtung der Porträts beginnt mit der Zuordnung der Bilder zu den einzelnen Kindern. Bei der Beschreibung der Bilder berichten die Schülerinnen und Schüler von ihren Erfahrungen, sie äußern sich zu den Veränderungen durch die farbige Gestaltung und beschreiben die Gefühlslage, die dadurch zum Ausdruck kommt.

Literatur

WEILER, C.: Alexej Jawlensky, Köln 1959

PRETTE, M. C./DE GIORGIS, A.: Was ist Kunst, Klagenfurt 2003

TAYFUN, BELGIN: Alexej von Jawlensky: eine Künstlerbiographie, Heidelberg 1998

Alexej von Jawlensky: Méduse, 1923

2.2 Ich werde zum Gespenst – Porträts mit schwarzer und weißer Farbe als Gespenstergesichter gestalten

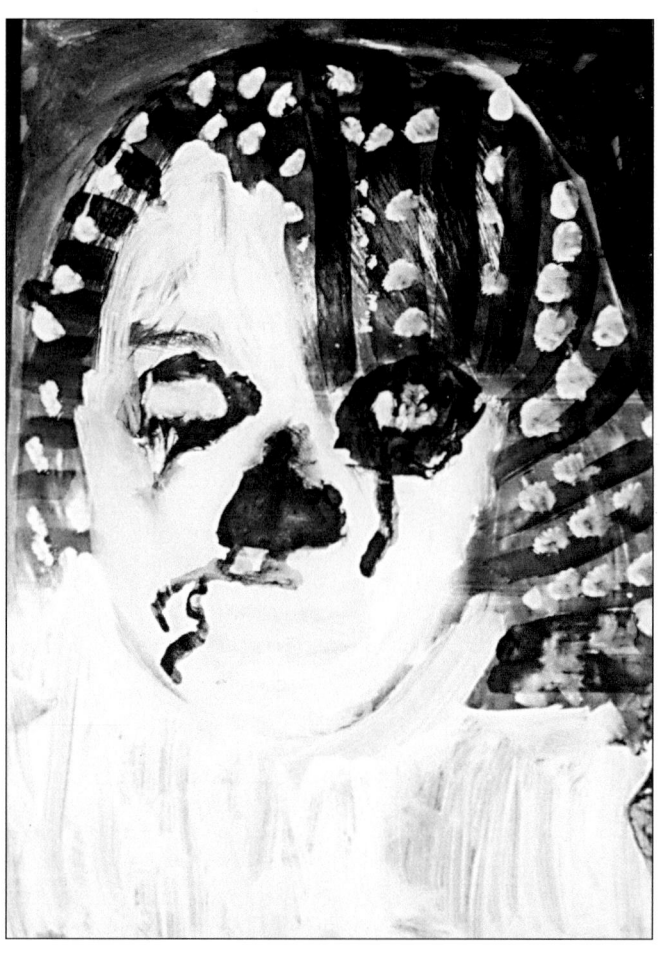

Material

Brief des Klassengespenstes (s. S. 29), Kopien der Porträtfotos (DIN A4), Schulmalfarbe in Schwarz, Deckweiß, Deckel von Schraubgläsern für die Farben und zum Mischen, Borstenpinsel, Taschenlampe, „Briefpapier" und Stift

Ziel der Stunde

Die Kinder sollen ihr Gesicht in Schwarz und Weiß sowie Grauabstufungen möglichst „gruselig" gestalten.

Begründung des Themas und Intention

Beim Übermalen des Porträts in Schwarz und Weiß sowie Grauabstufungen sollen die Schülerinnen und Schüler das eigene Gesicht bewusst wahrnehmen. Sie sollen möglichst detailgenau beobachten, Gesichtspartien unterscheiden und ihr eigenes Porträt neu gestalten. Vielleicht kostet das Übermalen mit dunklen Farben einige Kinder etwas Überwindung, aber die spielerische Rahmenhandlung der Stunde macht den Schülerinnen und Schülern viel Spaß. Das eigene Gesicht als Gespenstergesicht zu sehen ist darüber hinaus sehr spannend. Gleichzeitig wird die Wirkung von hellen und dunklen Schattierungen erprobt. Schwarz und Weiß werden gemischt, Grauabstufungen können unterschiedlich eingesetzt werden. Der emotionale Ausdruck des eigenen Gesichts kann verändert werden und wird von der „Malerin"/dem „Maler" und den anderen Kindern auf neue Art wahrgenommen. Dies regt zur Auseinandersetzung mit gruseligen Alltagserfahrungen in Fernsehen und Büchern an.

Aufbau der Stunde

Einstiegsphase

Ein Brief, etwas verstaubt und eingerissen (mit Streichholz und/oder Kaffeesatz bearbeitet), weckt die Neugier der Kinder. Er ist verfasst vom Klassengespenst, das sich beklagt, es sei ihm nachts in der Klasse zu langweilig. Es fordert die Kinder auf, ihm doch gespenstische Porträts zu malen, damit es sich wieder so richtig

gruseln kann. Ein Kind oder die Lehrerin/der Lehrer liest den Brief vor und alle diskutieren den Vorschlag.

Erarbeitungsphase

Im Gesprächskreis wird überlegt, wie das eigene Gesicht gespenstischer gestaltet werden kann. Schwarz und Weiß als Lieblingsfarben des Gespenstes werden auf ihre Kontrast- und Mischmöglichkeiten untersucht. Die Kinder schlagen vor, wie diese „Farben" eingesetzt werden können, um eine möglichst gespens-

tische Wirkung ihres Gesichts zu erzielen. Dabei weist die Lehrerin/der Lehrer darauf hin, dass einzelne Teile und Flächen unterschiedlich übermalt werden können. Viel Spaß haben die Schülerinnen und Schüler sicherlich auch, wenn die Lehrerin oder der Lehrer dies am eigenen Porträt demonstriert. Die Farben sollten eine gewisse pastöse Konsistenz haben und kaum mit Wasser verdünnt werden.

Durchführungsphase

Von einem Materialtisch holen sich die einzelnen Schülergruppen Deckweiß und schwarze Schulmalfarbe (eventuell Farbkasten). Zum Mischen eignen sich gut Deckel von Schraubgläsern. Gemalt wird mit Borstenpinseln. Die Tische sind mit Unterlagen abgedeckt. Die Kinder haben ihre Malkittel angezogen.
Beim Übermalen sollte darauf geachtet werden, dass verschiedene Abstufungen von Schwarz bis Weiß verwendet werden können und dass die gesamte Fläche des Bildes übermalt wird.

Auswertungsphase

Die Gespenstergesichter werden im abgedunkelten Klassenraum aufgehängt. Ein Kind sucht mit einer Taschenlampe ein Gespensterbild und leuchtet es an. Erkennt ihr das Gespenst? Die anderen Schülerinnen und Schüler raten, wer zum Gespenst geworden ist. Das Kind sucht sich einen gruseligen Gespensternamen für sein Geisterbild aus. Zum Schluss schreiben die Schülerinnen und Schüler einen Antwortbrief an das Klassengespenst und berichten von ihren Bildern. Ob das Gespenst wohl antwortet?

Liebe Kinder,
ich heiße Friedrich Fürchterlich und bin euer Klassengespenst.
Gesehen habt ihr mich noch nicht, denn am Tage verstecke ich mich im Dunklen.
Aber vielleicht habt ihr meine Anwesenheit schon einmal g-e-s-p-ü-r-t.
Heute Nacht war die unheimlichste Nacht meines Gespensterlebens: Totenstille und dann auch noch diese Einsamkeit. – Schrecklich!
Bitte helft mir! Ich will mich wieder gruseln können.
Vielleicht könnt ihr mir Bilder malen. Und zwar schaurige Selbstbildnisse, bei deren Anblick ich endlich wieder Gänsehaut bekomme.
Bitte, bitte, verschafft mir wieder eine schaurig schöne Nacht. Malt euch selbst als gruseliges Gespenst!
Euer Klassengespenst

2.3 Ich wäre so gern ein Prinz… – Mit Stoffresten und weiteren Materialien Prinzessinnen- und Prinzenporträts gestalten

Material

Kopien der Schülerfotos in DIN-A4-Größe, Abbildung von Beaubruns Porträt Ludwigs XIV. und Philipps I. von Orléans als Folie (s. S. 32), Overheadprojektor, Mozarts „Kleine Nachtmusik", 2 Stühle, Vogel oder ein anderes Stofftier, Fotoapparat, von den Kindern gesammelte glänzende und glitzernde Materialien (z. B. Lametta, Spitzen, Federn, Perlen, Goldfolie, glänzende Stoffe, Material für Weihnachtsdekoration, Sterne, Glassteine), goldene Farbe, Stoffscheren, Scheren, Klebe, evtl. Klebepistole (nur mit Hilfe benutzen), Zeichenpapier oder farbiges Tonpapier (DIN-A3-Format), Rahmen

Ziel der Stunde

Die Kinder sollen sich als Prinzessinnen oder Prinzen gestalten, indem sie unter Verwendung der verschiedenen gesammelten Materialien aus ihrem Foto eine Collage als Brustporträt anfertigen.

Begründung des Themas und Intention

Prinzessinnen und Prinzen spielen in der Fantasie der Kinder, angeregt durch Märchen, eine zentrale Rolle. Die Kinder verkleiden sich gern und lieben es, in andere Rollen zu schlüpfen. In dieser Stunde soll jedoch nicht nur die Fantasie der Schülerinnen und Schüler angesprochen werden, sondern sie sollen auch etwas über die Lebenswirklichkeit von adeligen Kindern erfahren und so erste Einblicke in den sozialhistorischen Hintergrund gewinnen.

Bei der Gestaltung des eigenen Porträts in Form einer Collage setzen die Kinder selbst gesammelte Alltagsmaterialien, glitzernde Stoffe und glänzende Gegenstände kreativ ein. Bei der Gestaltung können sie verschiedene feinmotorische Fähigkeiten und Farbwirkungen erproben. So entstehen fantasievolle Prinzessinnen- und Prinzenporträts, die sich an einem historischen Gemälde orientieren.

Zum Künstler und zum Kunstwerk

Charles Beaubrun (1604–1692) war in Frankreich Hofmaler am Hofe Ludwigs des XIII. und XIV. Als Maler der Königin Anna von Österreich gestaltete er viele Porträts der französischen Königsfamilie.

Solche Porträts konnten sich vom 16. bis 19. Jahrhundert nur der Adel, Patrizier und später das gehobene Bürgertum leisten. Diese Bilder, meist Ganzfigurenporträts, dienten auf der einen Seite wegen der hohen Kindersterblichkeit der Erinnerung an die Nachkommen, auf der anderen Seite hatten sie oft auch die Funktion, schon früh Hochzeiten anzubahnen. Sie zeigen den Sinn für Repräsentation, barocke Formen und Farbenreichtum.

Jungen und Mädchen waren ab dem 12. Lebensmonat in Kleidchen oder Rock mit Oberteil gekleidet, ihre Kleidung unterschied sich also nicht. Auch gab es keine geschlechtsspezifischen Farben. In den ersten sechs Jahren wurden die Kinder verhätschelt. Ab dem siebten Geburtstag begann die Lernphase, die in dieser Gesellschaftsschicht durch Privatlehrer und Erzieher sichergestellt wurde. Ab einem Alter von 14 Jahren standen den Kindern die Universitäten offen. Mit 12 Jahren galten Mädchen als erwachsen, Jungen mit 14 Jahren.

Auf dem Bild stellte Charles Beaubrun 1642 Ludwig XIV. und seinen Bruder Philipp I. von Orléans dar. Ihre Mutter, Anna von Österreich, musste zulassen, dass sie von ihr getrennt mit großem Gefolge von Gouvernanten, Ammen, Kinderfrauen und Zofen in anderen Gemächern lebten. Sie besuchte die Kinder jedoch regelmäßig und die Prinzen hingen sehr an ihr.

Das Bild ist als Doppelporträt gemalt. Die Prinzen sitzen in würdiger Haltung auf zwei Armlehnstühlen. Sie tragen Schärpen mit dem Saint-Esprit-Orden. Philipp hält eine weiße Taube als Symbol des Heiligen

Geistes in der Hand. Die Kleider der beiden Prinzen sind aus edlen Stoffen und wertvoller Spitze gefertigt. Rote Schleifen zieren die Haare der Jungen. Eine große Feder schmückt die Köpfe.

Das Doppelporträt befand sich bis 1981 in England. Möglicherweise hatte es Anna von Österreich dem englischen Hof in der Absicht geschickt, eine Heirat anzubahnen.

Aufbau der Stunde

Einstiegsphase

Die Schülerinnen und Schüler schließen die Augen und lauschen Mozarts „Kleiner Nachtmusik". Sie sitzen im Halbkreis, erzählen von ihren Assoziationen und vermuten, an welchem Ort diese Musik spielen könnte. Dann sehen sie ausschnittweise einen Teil des Bildes, den Orden oder eine große Feder und assoziieren frei. So wird Spannung erzeugt und die Fantasie der Kinder angeregt.

Erarbeitungsphase

Das ganze Bild der beiden Prinzen wird aufgedeckt und ist nun Anlass für Vermutungen. Die Schülerinnen und Schüler rätseln, ob Jungen oder Mädchen dargestellt sind, sie beschreiben die edle Kleidung, die Kopfbedeckungen, die Frisuren, die Stühle. Nun erfahren die Kinder durch die Erzählung der Lehrerin/des Lehrers Details aus dem Leben der Prinzen. Jetzt wird das Bild mit zwei Kindern nachgestellt. Die anderen Schülerinnen und Schüler geben „Regieanweisungen" zu Haltung und Gestik. Das Stofftier kann die Taube im Bild ersetzen. Die nachgestellte Szene kann fotografiert werden.

Da ja sicher jedes Kind einmal in seinem Leben wie eine Prinzessin oder ein Prinz aussehen möchte, sammeln alle gemeinsam Ideen, welche Gestaltungsmöglichkeiten es für die Schülerfotos gibt. Anregung bietet der Materialtisch mit den mitgebrachten Utensilien (s. o.). Einige Materialien werden durch Auflegen erprobt.

Durchführungsphase

Für das Prinzenporträt wird der Kopf jedes Kindes aus der Fotokopie ausgeschnitten, auf ein großes Zeichenpapier oder farbiges Tonpapier (DIN A3) gelegt und anschließend aufgeklebt. Dabei sollte nach unten so viel Platz gelassen werden, dass noch der Ansatz eines Kleides gestaltet werden kann. Aus Stoff werden der Halsausschnitt und die Schultern ausgeschnitten. Vom Materialtisch holen sich die Schülerinnen und Schüler verschiedene Dekorationsmaterialien, legen die Dinge auf, probieren verschiedene Varianten aus und kleben die Dekorationsmaterialien fest. Auch Farbe kann eingesetzt werden.

Auswertungsphase

Um die fürstlichen Porträts zu würdigen, werden die einzelnen Schülerarbeiten in einem goldenen Rahmen präsentiert. Die „Prinzessinnen" und „Prinzen" berichten, wie sie sich von einer Schülerin/einem Schüler in ein adeliges Kind verwandelt haben. Ein Kind fotografiert das Porträt im Goldrahmen.

Literatur

FRINGS, J. (HG.): Ausstellung Kleine Prinzen, Kinderbildnisse vom 16. bis 19. Jahrhundert, Ostfildern-Ruit 2003

Charles Beaubrun: Ludwig XIV. und Philipp I. von Orléans, 1642

2.4 Ich oder du? Wir beide! – Aus zwei Porträts Kippbild gestalten

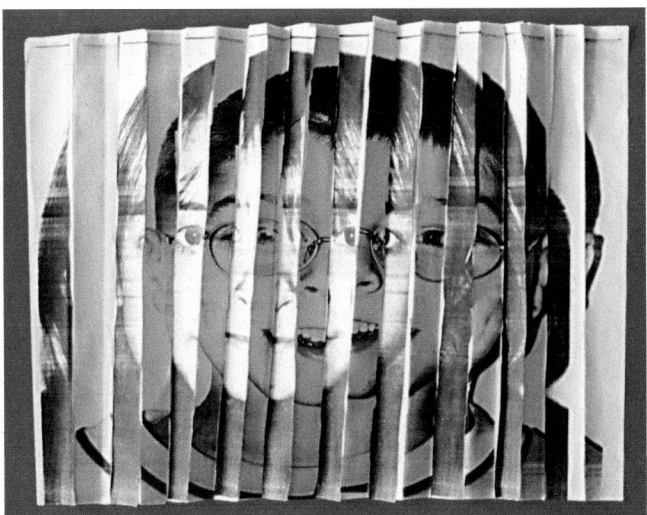

Material

Abbildung der Kippbilder als Folie (s. S. 35), Overheadprojektor, Beispielbild der Lehrerin/des Lehrers, Kopien der Schülerfotos (DIN A4), Scheren, Klebestift, weißes oder farbiges Tonpapier (DIN A3), Lineale

Ziel der Stunde

Die Kinder sollen in Partnerarbeit aus zwei Bildern ein Streifenporträt erstellen und es so falten, dass ein Kippbild entsteht, das aus verschiedenen Betrachtungswinkeln jeweils einen der beiden Schüler zeigt.

Begründung des Themas und Intention

Verblüffende Wahrnehmungserlebnisse faszinieren nicht nur Kinder. Auch schon vor der 3D-Technik mithilfe von Computern versuchte man mit sogenannten Kippbildern, die Fähigkeit zum Wechsel der Wahrnehmung bewusst zu trainieren. Die Beschäftigung mit den optischen Täuschungen fördert nicht nur die Wahrnehmungsfähigkeit der Schülerinnen und Schüler. Die Herstellung eines gemeinsamen „Zauber- oder Kippbildes" dient auch der Schulung der Feinmotorik, der Förderung von Auge-Hand-Koordination und der Wahrnehmung des eigenen Körperbildes. Die Arbeit kann dazu beitragen, Hemmungen, sein eigenes Bild zu zerschneiden, abzubauen. Zusammen mit der Partnerin/dem Partner wird das eigene und das andere Gesicht in Details wahrgenommen. Neben den Aspekten der visuellen Wahrnehmung ist das notwendige genaue Arbeiten zudem eine gute Konzentrationsförderung.

Zum Kunstwerk

Kippbilder sind Bilder, die sich vor den Augen des Betrachters magisch verändern können. Sie scheinen zwei Dinge in einem zu sein oder sie können sich in etwas ganz anderes verwandeln. Die alte/junge Frau und das Enten- und Hasenbild sind sehr bekannte Beispiele für Kippbilder, die man auf verschiedene Weise betrachten kann. Die zwei Frauen blicken in verschiedene Richtungen. Die alte Frau schaut nach unten, die junge Frau wendet sich ab. Die Nase der alten Frau ist das Kinn der jungen Frau. Das Auge der alten Frau ist das Ohr der jungen Frau.

Das Enten- und Hasenbild ist eines der berühmtesten sich verändernden Bilder. Ist es ein Hase oder eine Ente? Sieht man einen Schnabel oder Ohren? Wenn man es geschafft hat, den Hasen und die Ente zu entdecken, kann man in diesem Bild mit den Augen umherwandern und mal das eine, mal das andere Tier sehen.

Aufbau der Stunde

Einstiegsphase

Die Schülerinnen und Schüler sitzen im Halbkreis vor dem Overheadprojektor und sehen das Kippbild Ente/Hase (s. S. 35). Nachdem beide Tiere benannt worden sind, erfolgt unter den Kindern eine Abstimmung: Wie viele Schüler sehen eine Ente? Wie viele Schüler sehen einen Hasen? Danach versuchen alle Kinder, beide Tiere zu entdecken. Die Benennung der spitzen Ausläufer als Ohren oder als Schnabel und die Beschreibung der Blickrichtung erleichtern den Wechsel zwischen den Bildern. Wer kann nun beide Tiere sehen? Ähnlich kann mit dem Bild der alten/jungen Frau verfahren werden.

Erarbeitungsphase

Die Kinder sehen ein Doppelbild der Lehrerin/des Lehrers, bei dem zwei Fotokopien von Fotos in 3 cm breite Streifen geschnitten und abwechselnd nebeneinander aufgeklebt wurden. Sie schauen sich das Bild an und haben sicherlich Spaß an dem ungewöhnlichen Aussehen der Lehrerin/des Lehrers. Anschließend beschreiben sie, wie dieses Bild angefertigt wurde. Als nächsten Schritt zeigt ihnen die Lehrerin/der Lehrer, wie man mit diesem Bild zaubern kann, indem sie/er es vor den Augen der Schülerinnen und Schüler zu einer Ziehharmonika faltet. Nun können die Kinder die Lehrerin/den Lehrer von zwei Seiten sehen. Zwei Schüler probieren dies aus. Durch die Änderung des

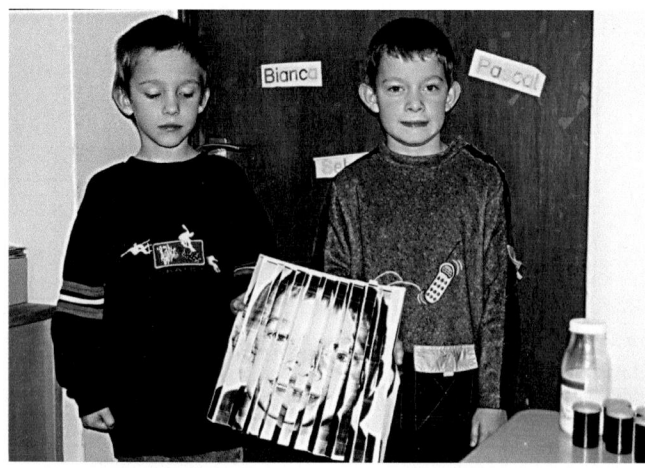

Betrachtungswinkels können alle Kinder auf der linken und rechten Seite die unterschiedlichen Fotos der Lehrerin/des Lehrers erkennen.

Durchführungsphase

Die Schülerinnen und Schüler müssen mit dem Lineal 2 oder 3 cm breite Längsstreifen auf die Rückseite der Kopien aufzeichnen und möglichst exakt ausschneiden. Danach werden die Streifen der beiden Schülerfotos abwechselnd auf ein großes Blatt (DIN A3) gelegt und sorgfältig aufgeklebt. An den Schnittstellen falten die Kinder jetzt das Doppelbild ziehharmonikaartig. Der Kippbildeffekt wird auch bei gröberen Streifen noch erreicht. Als ganz einfach hat es sich erwiesen, das Blatt hochkant zur Mitte und noch zweimal vom Rand zur Mitte zu falten. So erhält man vier gleich breite Streifen, die an den Faltlinien geschnitten werden.

Auswertungsphase

Die Bilder werden aufgehängt und frontal betrachtet. Es wird geraten, wer zu sehen ist. Danach werden die Bilder jeweils von der linken bzw. rechten Seite angeschaut, um die einzelnen Kinder zu identifizieren.

Zum Abschluss der Reihe kann mit den Eltern eine Kunstausstellung in der Schule veranstaltet werden. Hierzu können die Schülerinnen und Schüler kleine Einladungen für die Eltern schreiben oder malen. Eine Führung kann von den Kindern selbst gestaltet werden. Sie erzählen, welche Künstler sie kennengelernt und in welcher Technik sie ihre eigenen Bilder gearbeitet haben. Eltern können Fragen an die „Experten" stellen. Die Schülerinnen und Schüler werden diese Aufgabe gern übernehmen. Sie stärkt das Selbstvertrauen, können sie doch so stolz ihre angefertigten Arbeiten präsentieren. Die Kunstausstellung kann verbunden werden mit einer kleinen Kaffeerunde für die Eltern. Abgerundet wird der gemeinsame „Museumsbesuch" mit Malspielen wie z. B. „Montagsmaler" und „Monsterzeichnen".

Literatur

STURGIS, A.: Magische Kunst oder warum Bilder nicht immer sind, was sie zu sein scheinen. Würzburg 1995

Kippbilder

Ente/Hase

Junge Frau/alte Frau

3 Waldgeisterfest im Herbst

Thema und Intention

Die bunte Blätterpracht im Herbst fasziniert Kinder jedes Jahr wieder neu. Das Sammeln der verschiedensten Blattformen mit ihren unterschiedlichen bunten Farben und das Spielen in üppigen Laubhaufen ist ein starkes sinnliches Erlebnis für Kinder. Sich mithilfe dieses Materials zu kostümieren, den Körper mit Blättern, kleinen Ästen usw. zu schmücken, Kopfbedeckungen und Instrumente herzustellen, ein anschließendes Fest zu planen, ist ein in dieser Reihe angebotener möglicher Zugang zum Thema Herbst. Das Verkleiden ist für Kinder dieses Alters eine wichtige Erfahrung.

Eine Geschichte über Waldgeister, die im Herbst immer ihr großes Waldgeisterfest feiern und sich dazu selbst Kostüme dafür oder für ihren Waldgeistertanz herstellen, kann Ausgangspunkt der Reihe sein. Die Kinder können dann Kostüme und Feste afrikanischer Kulturen kennenlernen und davon ausgehend nach Gemeinsamkeiten und Unterschieden zur eigenen Kultur suchen. Sie betrachten Arbeiten des Land-Art-Künstlers Nils-Udo zum Thema Blätter im Herbst und nutzen die künstlerische Strategie des Sammelns und Ordnens. Sie machen eigene Erfahrungen mit dem Naturmaterial, lassen sich durch die Betrachtung surrealistischer Kopfbedeckungen in ihrer Wahrnehmung stören und lernen die künstlerische Strategie des Verfremdens kennen. Sie entwickeln angeregt durch diese Erfahrungen eigene Kostüme aus Naturmaterialien.

Am Ende der Reihe sollte für die Kinder das eigene Waldgeisterfest stehen. An dieser Stelle findet sich auch die Möglichkeit zu fächerübergreifendem Unterricht. Im Sportunterricht oder der Tanz-AG kann für das Fest der Waldgeistertanz, der von selbst erstellten Instrumenten begleitet wird, erarbeitet werden. Die Geschichte der beiden Waldgeister Lufi und Bona kann auch Anlass sein, ein eigenes Herbst-Spiel zu erfinden.

Da in dieser Reihe hauptsächlich mit Laub gearbeitet wird, das relativ schnell trocken und brüchig wird, ist es ratsam, zuerst die Kopfbedeckungen zu gestalten. Die Blätter der Kostüme sind dann beim Abschlussfest noch frisch.

Informationen zur Unterrichtsreihe

Ziel der Reihe	Die Kinder gestalten ausgehend von der Beschäftigung mit Beispielen aus der Kulturgeschichte, Mode und der Kunst eigene Waldgeisterkostüme aus Naturmaterialien.
Aufbau der Reihe	● **Kopfbedeckungen für ein Waldgeisterkostüm** – Angeregt durch eine Kopfbedeckung aus der Mode eine eigene aus Naturmaterialien entwickeln (2 Doppelstunden) ● **Das Waldgeisterkostüm** – Kostüme der Bedik und ein Land-Art-Kunstwerk von Nils-Udo als Anregung für die Gestaltung eigener Kostüme nutzen (2 Doppelstunden)

3.1 Kopfbedeckungen für ein Waldgeisterkostüm – Angeregt durch eine Kopfbedeckung aus der Mode eine eigene aus Naturmaterialien entwickeln

Material

Abbildung der Kopfbedeckung (s. S. 39) auf Folie, Waldgeistergeschichte (s. S. 40/41), Overheadprojektor, Naturmaterialien (Äste, Zweige, Blätter, Federn usw.), Obstnetze, Tonkarton, Scheren, Draht, Klebeband, Klebstoff, Tacker, Nadel und Faden

Ziel der Stunde

Die Kinder sollen nach der Betrachtung der Kopfbedeckungen aus Kunst und Mode eine eigene Kopfbedeckung aus Naturmaterialien für ihr Waldgeisterkostüm entwickeln.

Begründung des Themas und Intention

Die Kinder fertigen nach ersten Überlegungen ausgehend von der Waldgeistergeschichte (s. S. 40/41) und einer Abbildung aus Mode und Kunst (s. S. 39) eigene Kopfbedeckungen an. Nicht nur aus praktischen Gründen ist der Einstieg über die Kopfbedeckungen sinnvoll. Da sie sich schneller als die Kostüme herstellen lassen, kommen die Kinder auch schneller zu Erfolgserlebnissen. Der Effekt eines Hutes oder einer Mütze macht sofort Lust auf das nachfolgende, aber auch arbeitsintensivere Kostüm für den Körper.

Die Kopfbedeckungen auf den Abbildungen unterscheiden sich nicht nur durch das Material erheblich von denen, die die Kinder aus dem täglichen Gebrauch kennen, sondern auch durch ihre Form. (Man stelle sich vor, mit den „Ästen" auf dem Kopf durch eine Tür gehen zu wollen.) Indem die Kinder Besonderheiten in der Gestaltung der Kopfbedeckung herausstellen, nehmen sie einen Vergleich mit ihren herkömmlichen Vorstellungen von Mützen, Hüten usw. vor. Ihre Vorstellung von „Kopfbedeckung" beginnt sich zu verändern und zu erweitern. Dies ist der Ausgangspunkt für das gestalterische Tun zu diesem Thema, bei dem die Kinder eigene Ideen kreativ umsetzen sollen.

Aufbau der Stunde

Einstiegsphase

Die Lehrerin/der Lehrer erzählt den Kindern zunächst die Geschichte der Waldgeister (s. S. 40/41) und überträgt ihnen deren Aufgabe, Kostüme für ein Fest herzustellen.

Gemeinsam wird überlegt, woraus die Waldgeister ihre Kostüme erstellen könnten. Es ist möglich, den Kindern an dieser Stelle auch schon die Abbildung von einem Kostüm der Bedik (s. S. 46) zur Einstimmung zu zeigen. Schließlich wird angesprochen, dass zu dem Kostüm auch eine Kopfbedeckung gestaltet werden soll.

Erarbeitungsphase

Als Vorhaben der Stunde stellt die Lehrerin/der Lehrer das Herstellen von Kopfbedeckungen vor. Dazu zeigt sie/er den Kindern die Abbildung der Kopfbedeckung und erarbeitet einige der Gestaltungsmerkmale mit ihnen. Das Beispiel aus der Kunst ist so prägnant, dass die Kinder die Besonderheiten (z. B. sperrige Form, stört beim Laufen und schützt gar nicht) sofort nennen werden. Die Äste müssen ziemlich schwer auf dem Kopf sein. Ein Vergleich mit eigenen Kopfbedeckungen verdeutlicht schnell funktionelle und materielle Unterschiede.

Durchführungsphase

Die Kinder erhalten den Auftrag, nun selbst experimentell eine Kopfbedeckung zu erstellen, die eine außergewöhnliche Form hat. Die Lehrerin/der Lehrer präsentiert den Kindern das Material, eine Fülle an bunten Blättern, Zweigen, Tannenzapfen usw. An zwei Stationstischen werden unterschiedliche technische Hilfestellungen und Gestaltungshilfen gegeben.

● **Station 1:** Obstnetze und Tacker liegen bereit, die Lehrerin/der Lehrer demonstriert die Handhabung des Tackers (vor allem, wenn Kinder noch nie damit gearbeitet haben) und beginnt, Blätter und/oder Zweige damit zu befestigen. Sie/er befragt die Kinder, was man tun muss, um eine kleine Haube herzustellen (Blätter usw. eng anliegend an das Netz tackern), und was, um eine voluminöse Haube zu erhalten (Blätter usw. dicht und abstehend anbringen). Die Lehrerin/der Lehrer tackert einzelne Blätter zur Demonstration der Technik an ein Netz. Einige weitere Ideen werden als Anregung zum Arbeiten an dieser Station gesammelt (auch Nadel und Faden können Hilfswerkzeuge sein).

● **Station 2:** Zugeschnittene Tonpapierstücke, Scheren, Klebeband und Tacker liegen bereit. An dieser Station können die Kinder zunächst Papierhüte einfachster Art (Spitzhut) oder „Kronen" herstellen, was die Lehrerin/der Lehrer kurz demonstriert, um dieses stabile Gerüst dann mit Naturmaterial zu bestücken. Die Kinder können aber auch ganz eigene Kreationen entwickeln, wie auf dem Foto gezeigt.

Hierbei ist der Tacker ebenso ein schnelles, einfaches Werkzeug. Doch auch mit Klebeband oder Klebstoff lassen sich kleine Zweige anbringen.

Auswertungsphase

Die Kinder präsentieren einander ihre fertigen Kopfbedeckungen in einer kleinen Modenschau: Paarweise treten sie vorn in die Klasse und kommentieren die Kopfbedeckung eines anderen Kindes mit einem treffenden Satz, während es seinen kurzen Auftritt auf dem „Laufsteg" hat. Dabei erhält jedes Werk eine entsprechende Würdigung und die Aufmerksamkeit ist durch den Kommentar ganz auf die spezielle und individuelle Gestaltung der Kopfbedeckung des jeweiligen Kindes gelenkt. Die Gestaltungsmerkmale werden in spielerischer Form verbalisiert und herausgestellt.

Bruce Weber, Modefotografie, 1984

Die Waldgeister Bona und Lufi

Eines Tages im Spätsommer, als die Blätter schon anfingen, sich gelb und rot zu färben, lief der kleine Waldgeist Lufi zu seinem Freund Bona. Bona saß gerade auf einer Eiche und spielte mit seiner Zwille (das ist eine kleine selbst gebaute Schleuder) Eichelweitschleudern. Das ist ein beliebtes Spiel zu dieser Jahreszeit bei den Waldgeistern und jedes Jahr findet ein Wettbewerb unter den zehn besten Eichelweitschleuderern statt. Für dieses Spiel werden im Herbst immer unglaubliche Mengen von Eicheln gesammelt, damit man auch das ganze Jahr Munition zum Üben hat und dann in den Vorentscheidungen für die Teilnahme am Wettbewerb üben kann.

Aus diesem Grund braucht man sich nicht zu wundern, wenn man im Wald mal hin und wieder eine Eichel durch die Luft fliegen sieht oder man von einer am Kopf getroffen wird. Das sind dann die kleinen Waldgeister beim Weitschleudern. Teilnehmen an diesem Wettbewerb dürfen übrigens nur die Waldgeisterkinder bis 103 Jahre. Waldgeister werden sehr, sehr alt. Bona übte jeden Tag und hatte sich vorgenommen, in diesem Jahr den Wettbewerb zu gewinnen. Seine Zwille hatte er sich selbst gebaut und sie schleuderte unglaublich gut.

Lufi kam also zu ihm und schaute eine Weile zu, wie Bona seine Eicheln in die Ferne schleuderte. Er war begeistert. So weit hatte er noch nie jemanden überhaupt irgendetwas schleudern sehen.

„Du wirst sicher den Pokal dieses Jahr gewinnen!", sagte er zu Bona. Bona schien ihn gar nicht zu hören und schleudert eine Eichel nach der anderen. „Mensch Bona! Hast du nicht gemerkt? Ich bin hier und rede mit dir. Du wirst sicher den Pokal gewinnen dieses Jahr! Oder was meinst du dazu?"

Bona schaute ihn an und sagte: „In zwei Tagen ist es schon so weit. Ich habe schon alle Eicheln von mir verschossen und dazu noch die von Snof und Lens. Ich muss aber unbedingt noch weiterüben, sonst ist Golp sicher besser als ich. Er hat die letzten drei Jahre immer gewonnen und ist unheimlich gut. Kannst du mir nicht auch noch deine geben?"

„Wenn du magst, ich bin eh schon rausgeflogen in der Vorentscheidung."

„Vielen Dank. Und du meinst, ich habe eine Chance?"

„Ja sicher! So weit wie du kommt Golp niemals."

Bona griff sich das Säckchen mit der weiteren Munition von Lufi und schleuderte noch einige von den Eicheln. Dann hatte er plötzlich keine Lust mehr, die beiden Waldgeister kletterten den Baum herunter und gingen zu Lufis Hausbaum. Ein Hausbaum ist ein Baum, auf dem Waldgeister wohnen. Lufi hatte sein Zimmer ganz oben, da er der Jüngste in seiner Familie war. Die beiden kletterten also bis dort hinauf und spielten ein wenig mit ihren TEN-SEK-IN-Karten. Auf denen waren ulkige Insektenmischungen zu sehen. Die Tierchen veränderten sich manchmal auf den Karten, sodass man nicht sicher war, ob es überhaupt die eigene Karte war. Es war das Lieblingsspiel der beiden und manchmal tauschten sie auch Karten.

Am nächsten Tag war Bona schon sehr aufgeregt. Jetzt hieß es noch einmal schlafen und dann kam der große Tag. Er wollte unbedingt gewinnen.

Er besuchte Lufi und wunderte sich, dass vor dem Haus von Lufi ein unglaublich großer Haufen der unterschiedlichsten Blätter lag: rote, gelbe, grüne, braune, große und kleine und dazu noch kleine Zweige und Tannenzapfen in jeder Größe. Was sollte das denn? Dann kam Lufi strahlend vom Baum herunter und ließ sich das letzte Stück in den Blätterhaufen fallen. „Was soll denn der riesige Haufen hier?", fragte Bona. „Ja was glaubst denn du? Für unsere Kostüme natürlich! Hab ich schon mal für uns gesammelt. Gleich nach dem Wettbewerb findet doch das Waldgeisterfest statt. Hast du etwa schon ein Kostüm?" „Ach ja, das hatte ich vor lauter Aufregung vor dem Wettbewerb total vergessen! Nein, ich hab natürlich kein Kostüm. Ich schieße ja von morgens bis abends Eicheln durch den Wald. Ich muss auch heute wieder üben, sonst schaff ich es nicht, besser als Golp zu sein. Können wir nicht nach dem Wettbewerb unsere Kostüme gemeinsam machen?"

Und so beschlossen sie es. Lufi ging mit seinem Freund noch ein wenig Eichelschleudern und war abends ganz müde. Er fiel auf sein Moosbettchen und schlief fast bis zum nächsten Mittag. Als er aufgestanden war, musste er sich gleich auf den Weg zum Wettbewerb machen. Bona war schon da und auch die anderen Waldgeisterkinder. Hunderte von Waldgeistern waren zum Zuschauen gekommen. Die zehn Teilnehmer stellten sich auf und ein alter Waldgeist kam in die Mitte der Waldlichtung und eröffnete den Wettbewerb. Es ging also los. Lufi war auch plötzlich ganz aufgeregt. Er konnte kaum hinsehen, als einer nach dem anderen seine Eichel schleuderte. Jetzt kam Golp an die Reihe. Er schleuderte seine Eichel so weit, dass ein Waldgeist erst nachsehen musste, wo sie überhaupt gelandet war. Dort steckte er ein rotes Fähnchen in den Boden. Golp hatte es bisher am weitesten geschafft. Doch als Letzter kam jetzt noch Bona an die Reihe. Er nahm seine selbst gebaute Zwille in die Hand und griff eine Eichel. Lufi hielt den Atem an und machte die Augen zu. Er konnte nicht hinsehen. Er hörte, wie Bona die Eichel abschoss. Es war mucksmäuschenstill. – Und dann fingen plötzlich alle an zu jubeln. Bona hatte gewonnen! Er hatte es genau einen Meter weiter geschafft als Golp. Golp reichte Bona die Hand und gratulierte. Nun stürzte Lufi auf Bona zu und beide jubelten über den Sieg. Die Zuschauer klatschten, was das Zeug hielt. Dann kam wieder der alte Waldgeist und gratulierte Bona auch noch. Er kündigte das große Waldgeisterfest an, das nun steigen sollte. Dazu sollte jeder Gast in einem besonderen Kostüm kommen. Bona war natürlich Ehrengast und war Feuer und Flamme, sich nun auch ein tolles Kostüm zu machen.

Bona und Lufi liefen überglücklich zum großen Blätterhaufen, der in tollen Farben leuchtete. Nun würden sie sich ein ganz besonderes Kostüm machen. Material war ja genug da. Auf jeden Fall wollten sie etwas Besonderes auf dem Kopf tragen. Vielleicht einen Hut aus Ästen und Zweigen? Lufi wollte einen großen Umhang aus Blättern machen und Bona hatte schon eine Idee für ein Blättermuster. „Ich brauche dringend ganz große gelbe und dunkelrote Blätter …!"

3.2 Das Waldgeisterkostüm – Kostüme der Bedik und ein Land-Art-Kunstwerk von Nils-Udo als Anregung für die Gestaltung eigener Kostüme nutzen

Material

Abbildungen von Kostümen der Bedik (s. S. 46) und der Arbeit des Land-Art-Künstlers Nils-Udo (s. S. 45) als Folie, Overheadprojektor, mit den Kindern gemeinsam gesammelte Naturmaterialien (Äste, Zweige, Blätter, Federn usw.), alte Kleidungsstücke (T-Shirts, Hemden, Röcke, Kleider, Hosen …), Scheren, Tacker, Nadel, Faden

Ziel der Stunde

Die Kinder sollen nach der Betrachtung des Kostüms der Bedik aus Naturmaterialien und inspiriert durch die Umgehensweise des Land-Art-Künstlers Nils-Udo mit Herbstlaub ein eigenes Waldgeisterkostüm gestalten.

Begründung des Themas und Intention

Ausgehend vom kulturgeschichtlichen Didaktikkonzept des „Fremdkulturellen Verstehens" sollen durch das Herausstellen von Gemeinsamkeiten der eigenen und einer anderen Kultur Klischeevorstellungen über uns fremde Kulturen verhindert werden, indem man im „Fremden" auch Parallelen zum Eigenen entdecken kann. Ziel ist dabei nicht, dass die Kinder die andere Kultur verstehen, was auch durch die eigene „kulturelle Brille" nicht möglich ist, sondern dass sie durch die Auseinandersetzung mit dem „Fremden" eine neue Sichtweise auf die eigenen kulturellen Lebensmuster erhalten. Die Kinder können erfahren, dass die Bedik die Natur ähnlich wie wir mit einem Fest huldigen. So gibt es ja auch bei uns z. B. das Erntedankfest, bei dem die Menschen sich für die Ernte des Jahres bei Gott bedanken. Die Bedik hingegen bitten die Geister für ihre Felder und ihre Ernte, bevor alles wächst. Durch die Beschäftigung mit dem Kunstwerk des Land-Art-Künstlers Nils-Udo sollen die Kinder dagegen verschiedene Anordnungsmöglichkeiten für Blätter kennenlernen.

Nach der Inspiration durch das Kostüm der Bedik und das Kunstwerk von Nils-Udo sollen die Kinder eigene Ideen für ihr Kostüm entwickeln und umsetzen.

Zu den Künstlern und den Kunstwerken

Die Bedik leben abgeschirmt in einer gebirgigen Region des südlichen Senegal nahe der Grenze zu Guinea. Im Mai halten sie ihr jährliches *minymor*-Fest ab. In dieser Zeit wendet sich die Gemeinschaft bittend an die Geister, diese mögen die Kräfte der Natur beschwichtigen, den Anbau der Feldfrüchte segnen und böse Mächte vertreiben. Die Verbindung zu den Geistern wird durch die Fürbitte Maskierter hergestellt.

Die dabei verwendeten Masken gehören zu den ältesten in Afrika. Gefertigt aus der Rinde und den Blättern eines bestimmten Baumes, der in einem heiligen Wald wächst, hat jede Maske eine ausgeprägte Persönlichkeit und spielt bei der Erhaltung des Gleichgewichts im Leben der Bedik eine einmalige Rolle (s. S. 46). Die abgebildeten Kostüme weisen besondere Merkmale auf, die sich im Vergleich schnell herausarbeiten lassen: einzelne Körperpartien sind durch die „Blätterwulste" betont („Halskrause", „Taillenring"), die Kostüme verhüllen fast den kompletten Körper des Trägers. Durch die Dichte der Blätter entsteht Volumen.

Als weitere Anregung lernen die Kinder ein Werk des Land-Art-Künstlers Nils-Udo kennen (s. S. 45). Er ord-

net die Blätter nach ihrer Farbigkeit, sodass der Blatt-
färbungsprozess in seinem natürlichen Ablauf der Vergänglichkeit dargestellt ist. Diese Arbeit regt die Kinder zu eigenen Ordnungsmöglichkeiten an. Muster
können mit den Blättern gelegt werden, sie können
nach Farben und Formen geordnet werden usw. Dadurch wird die Wahrnehmung der Kinder hinsichtlich
der Form und Farbigkeit der Blätter besonders geschärft. Die Gestaltungsmöglichkeiten der Kinder erweitern sich um die Strategie des Sammelns und Ordnens.

Aufbau der Stunde

Einführungsphase

Um die Kostüme zu gestalten, brauchen die Kinder vor
allem eine große Auswahl an Material. Es ist am besten, wenn die Lehrerin/der Lehrer am Tag vor der
Kunststunde gemeinsam mit den Kindern in den Wald
geht, und die Kinder ihre eigenen Blätter, Tannenzapfen usw. suchen, genau wie die Waldgeister. Durch
die vorangegangene Arbeit zu den Kopfbedeckungen
sind die Kinder teilweise schon für das Suchen unterschiedlicher Blattfarben und -formen sensibilisiert,
doch sollte die Lehrerin/der Lehrer die Besonderheit
des Materials thematisieren. Denn es ist wichtig, an

dieser Stelle auf die Vergänglichkeit der Naturmaterialien, besonders der Blätter, hinzuweisen, die sich nach
kurzer Zeit kräuseln.

Daraus ergibt sich, dass die Kostümherstellung aus
diesem Grund an einem einzigen Tag erfolgen sollte
(wenn möglich über eine Doppelstunde hinaus), damit
die Kinder nicht enttäuscht sind. Auch muss klar sein,
dass die Kostüme keine lange Haltbarkeit haben
werden.

Erarbeitungsphase

Damit die Kinder auf Ideen für ein eigenes Kostüm aus
Naturmaterialien kommen, präsentiert die Lehrerin/der
Lehrer den Kindern ausgewählte Abbildungen von
rituellen Kostümen des afrikanischen Stammes der
Bedik (s. S. 46). Die Abbildungen der Bedik werden
hinsichtlich der Gestaltung und ihrer Verwendung besprochen. Im Anschluss daran werden die Arbeiten
des Künstlers Nils-Udo thematisiert (s. S. 45). Gestaltungskriterien für das Waldgeisterkostüm, wie z. B.
Muster aus Blattfarben und Blattformen zu bilden, das
Volumen des Kostüms an bestimmten Stellen durch
Blätterdichte (wie auch schon bei den Hüten) zu erreichen, werden gemeinsam erarbeitet und festgehalten.
Verschiedene Arbeitsaufträge sind möglich: Die Kinder sollen ihr Waldgeisterkostüm gestalten und sich
dabei genau überlegen, wie sie die Blätter und Zweige
anordnen. Oder: Sie sollen sich ein ganz besonderes
Muster für ihr Kostüm aus Naturmaterialien überlegen.
Oder: Sie sollen die Form ihres Kleidungsstückes
durch das Material verändern. Hier kommt es ein
Stück weit auf die Vorkenntnisse der Kinder an.

Durchführungsphase

Die Kinder sichten nun ihr Material und ordnen es, um
sich durch die Formen und Farben der Blätter, die
Zweige und Tannenzapfen usw. und die zuvor erarbei-
teten Gestaltungsmöglichkeiten zu einer eigenen
Gestaltung inspirieren zu lassen. Es werden verschie-

dene Varianten ausprobiert. Blätter werden gelegt, gestapelt, zusammengetackert, aufgefädelt, angenäht usw. Da es bei diesen Arbeiten an den Schülertischen sicherlich zu eng wird, sollte der Fußboden in diese Aktion einbezogen werden. So haben die Kinder einen besseren Überblick über das Material.

Eventuell ist eine Zwischenreflexion sinnvoll, damit die Kinder ihre Kriterien noch einmal kritisch überprüfen, aber vor allem auch, damit sie sich mit ihren Ideen gegenseitig weiter anregen können.

Auswertungsphase und Möglichkeiten zur Weiterarbeit

In der Reflexionsphase können die einzelnen Kostüme in einer Modenschau vorgestellt und die besonderen Gestaltungskriterien verbalisiert werden, ähnlich, wie die Kinder es schon bei der Präsentation der Kopfbedeckungen getan haben. Bei einem Waldgeistertanz auf dem Waldgeisterfest können die Kostüme natürlich am besten gewürdigt werden. Es ist möglich, dieses Fest für den Abschluss des Projektes mit den Kindern zu planen und zum Beispiel im Sportunterricht einen Tanz zu entwickeln, der anderen Klassen auf dem Schulhof vorgeführt werden könnte. Hierzu lassen sich als Weiterarbeit im Kunstunterricht auch noch Rhythmusinstrumente aus Naturmaterialien herstellen, wie z. B. Klangstäbe, Rasseln oder kleine Trommeln. Auch bietet die Geschichte der Waldgeister, wie oben schon erwähnt, Anlass, um für das Fest Spiele aus oder mit Naturmaterialien zu erfinden.

Literatur

BECKER, W.: Nils-Udo. Kunst mit Natur. Köln 1999

BECKWITH, C./FISHER, A.: Afrika: Kulte, Feste, Rituale, Bd. 2. München 1999

BUXBAUM, G.: Die Hüte der Adele List. München 1995

MARTIN, R.: Fashion and Surrealism. New York 1987

Nils-Udo: Kastanienblätter, Équevilley, Frankreich, 1985

Das *minymor*-Fest der Bedik

Die Bedik leben abgeschirmt in einer bergigen Region in Afrika. Zu ihrer traditionellen Lebensweise gehören auch Rituale zur Förderung der Fruchtbarkeit ihres Landes. Jedes Jahr im Mai feiern sie dazu ihr minymor-Fest.

kankouran

Diese Erscheinung heißt *kankouran*. Er jagt junge Männer scherzhaft durch das Dorf und versetzt ihnen leichte Peitschenhiebe. Das Kostüm sieht aus wie ein Blätterball.

dokota

Der buschartige *dokota* trifft als Nächstes ein. Er überbringt anschließend ruhig und ernst Weisheiten aus dem heiligen Wald und tanzt mit den verheirateten Frauen, die für den Anbau der Feldfrüchte verantwortlich sind. Dieses Kostüm bedeutet Schutz vor bösen Mächten und überbringt Botschaften des Waldgeistes.

niathoma

Als letzte Maske springt *niathoma* im Dorf herum, schwingt Schwert und Fliegenwedel, um das Böse zu verjagen und säubert das Gebiet von allem, was Streit herbeiführen könnte.

Wenn das Fest sich dem Ende nähert, spenden die dokota-Masken ihren letzten Segen und kehren in den Wald zurück. Die Dorfbewohner können jetzt mit der Bestellung ihrer Felder beginnen.

4 Marzipan und Zuckerguss – Konditoreispezialitäten der besonderen Art

Thema und Intention

In der frühen Neuzeit entwickelte sich mit der Einführung von Rohrzucker nach Europa zunehmend eine Esskultur, deren Bestandteil auch Süßspeisen waren. Nicht mehr die reine Sättigung, wie im Mittelalter, sondern zunehmend der Genuss der Speisen fand Berücksichtigung. Süßspeisen waren jedoch zunächst den adligen Bürgern vorbehalten. Die Zuckerbäckerei war in der Renaissance und Barockzeit vor allem in Ländern wie Frankreich und Italien äußerst beliebt, und die Süßigkeitenherstellung wurde durch immer raffiniertere Rezepte von Konfitüren, Marzipan, Nugat, Dragees usw. und durch die prunkvolle Präsentation der Leckereien mehr und mehr zur Kunstform. Mit der „Erfindung" des erschwinglicheren Rübenzuckers im 19. Jahrhundert verbreiteten sich Süßwaren noch weiter, und im frühen 20. Jahrhundert war die Kunst des Konditors so weit gereift, dass es Süßwaren in den unterschiedlichsten Geschmacksrichtungen, Formen und Farben gab. Die industrielle Herstellung von Süßwaren aller Art führte dazu, dass Süßigkeiten heute – neben ihrer Bedeutung als kulinarischer Leckerbissen mit Tradition – auch zum alltäglichen Genussmittel geworden sind.

Vor allem bei Kindern sind Süßigkeiten beliebt. Sie verspeisen mit Vorliebe süße Leckereien unterschiedlichster Art: vom salzig-herben Lakritz-Hering über den bitter-sauren Zitronen-Lolli bis zum klebrig-zuckrigen und schaumigen Schokokuss; vom giftgrünen

Kaugummi über das blaue Weingummi in Dinosaurier-Form bis zum selbst gebackenen, duftenden Weihnachts-Spritzgebäck. An diese und andere Vorerfahrungen der Kinder soll in dieser Unterrichtsreihe angeknüpft werden. Die Kinder sollen Süßigkeiten, z. B. Pralinen und Tortenstücke, jedoch nicht nur als essbare Delikatessen wahrnehmen, sondern als gestaltete Produkte, die sie auch selbst gestalten sollen. Der Schwerpunkt liegt in dieser Einheit daher auf dem räumlichen Gestalten, bei dem die Kinder mit verschiedenen Materialien wie selbst hergestellter Knete, Styropor, Pappmaschee, Alltagsgegenständen usw. arbeiten.

Informationen zur Unterrichtsreihe

Ziel der Reihe	Die Kinder setzen sich mit verschiedenen alltagsästhetischen und künstlerischen Darstellungen von Süßigkeiten auseinander und gestalten mit unterschiedlichen Materialien eigene „Süßigkeiten-Skulpturen", die sie in einer Ausstellung präsentieren.
Aufbau der Reihe	● **Pralinen für einen ganz besonderen Anlass** – Aus selbst hergestellter Knetmasse kunstvolle „Pralinen" formen (2 Doppelstunden)
	● **Tortenstücke** – Ausgehend von Kunstwerken des Künstlers Alfred Grimm eigene Tortenstücke aus Alltags- und Fundmaterialien herstellen (2 Doppelstunden)
	● **Tortenausstellung** – Eine Ausstellung gestalteter Konditoreiwaren für andere Klassen planen und ausführen (2 Doppelstunden)

4.1 Pralinen für einen ganz besonderen Anlass – Aus selbst hergestellter Knetmasse kunstvolle „Pralinen" formen

Material

Abbildungen von Pralinen als Folie (s. S. 51), Overheadprojektor, Zutaten zur Herstellung von Knetmasse (s. S. 50), Werkzeug (z. B. Schaschlikspieße und Messer oder Lineal), Teller für Präsentation

Ziel der Stunde

Angeregt durch die Auseinandersetzung mit Abbildungen verschiedener Pralinen gestalten die Kinder eigene „Pralinen" aus Knetmasse für einen selbst gewählten Anlass.

Begründung des Themas und Intention

Marzipanpralinen und -törtchen sind – wie viele andere Süßigkeiten auch – nicht nur ein geschmacklicher Genuss, sondern oftmals auch ein Erlebnis fürs Auge. In den unterschiedlichsten Gestaltungsformen zeugen sie von ihrem „Einsatz" zu verschiedenen Anlässen oder weisen durch ihr Aussehen auf die Käuferschicht hin, die sich angesprochen fühlen soll (z. B. das Marzipanschwein als Glücksbringer zu Neujahr, die Marzipantorte mit Comicfiguren-Verzierung für Kindergeburtstage usw.). Oftmals siegt die äußere Erscheinung einer gestalteten Marzipanpraline über ihre Funktion als Süßspeise, was dazu führt, dass die entsprechende Marzipanfigur zur „Marzipanskulptur" umfunktioniert wird, die fortan im Setzkasten oder Regal als „Augenschmaus" dient.
Kinder sollen in dieser Stunde (intuitiv) erfahren, dass Pralinen oder Törtchen oftmals eben nicht nur Lebensmittel sind, sondern auch gestaltete Produkte mit bestimmten Aussagen. In der Gestaltungsphase können sie dann selbst „Pralinen" oder „Törtchen" aus Knetmasse für einen selbst gewählten Anlass herstellen.

Aufbau der Stunde

Einstiegsphase

Gemeinsam werden die Abbildungen der verschiedenen Marzipanpralinen bzw. -törtchen besprochen („Malerpraline" und „Klavierpraline", s. S. 51).
Die Kinder können sich zunächst frei zu den Abbildungen äußern, anschließend kann die Lehrerin/der Lehrer die Frage stellen, zu welchem Anlass denn wohl die einzelnen Pralinen bzw. Törtchen hergestellt wurden und woran man das erkennen kann.

Erarbeitungsphase

Anschließend sollen die Kinder sich dann einen eigenen, für sie bedeutsamen Anlass überlegen, für den sie eine Praline herstellen wollen.
Die Lehrerin/der Lehrer kann bei Bedarf noch eine kurze Einweisung in den Umgang mit dem Material Knete und den Werkzeugen geben. Mit einem Messer können gerade Kanten geschnitten und die Spieße können für Verzierungen genutzt werden. Anstelle des Messers können die Kinder auch Lineale verwenden.

Durchführungsphase

Danach nehmen sich die Kinder Knetmasse (in verschiedenen Farben) und gehen an die Arbeit (entweder hat die Lehrperson die Knetmasse schon selbst hergestellt oder die Knete wird im Klassenverband – z. B. gruppenweise für die Herstellung verschiedener Farben – angefertigt. Vielleicht besteht sogar die Möglichkeit, einen echten Konditor einzuladen und dann mit echter Marzipanmasse zu arbeiten).

Auswertungsphase

Im Anschluss an die Arbeitsphase können die Kinder ihre „Pralinen" den anderen Kindern vorstellen bzw. sie raten lassen, zu welchem Anlass sie Pralinen gestaltet haben.

Rezept für bunte Knete

1. Die folgenden Zutaten in einem Topf unter
   Rühren zum Kochen bringen:

   - $\frac{1}{8}$ Liter Wasser
   - 1 Esslöffel Speiseöl
   - etwas Lebensmittelfarbe (pro Portion Knete eine Farbe)

2. Dann die folgenden Zutaten in das kochende Wasser
   geben und gut umrühren:

   - 100 g Mehl
   - 50 g Salz
   - 5 g Alaun (Aluminium-Salz, günstig in Apotheken erhältlich)

Die Masse nach dem Abkühlen gut durchkneten.

Tipps:

Die fertige Knetmasse kann gut in einem luftdichten Behälter aufbewahrt werden, damit sie nicht austrocknet und hart wird.

Die Knete kann immer wieder benutzt werden, indem man die einzelnen Farben wieder zusammenfügt und durchknetet (evtl. muss man einige Tropfen Wasser zugeben).

Fertige „Knetprodukte" kann man trocknen lassen. Die Knetmasse wird dann – ähnlich wie Salzteig – sehr hart.

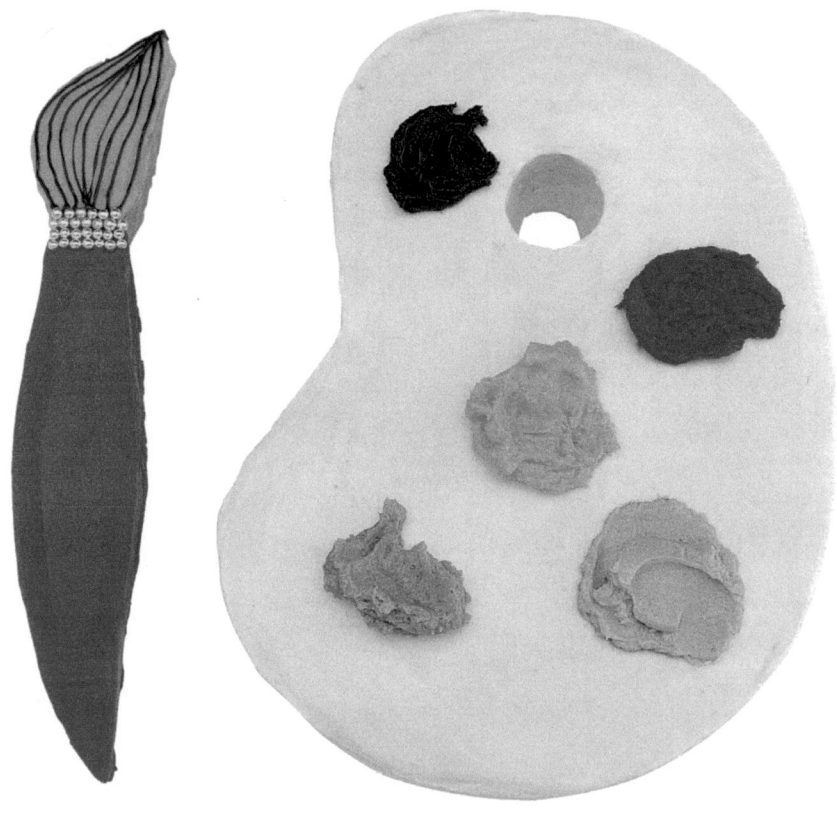

Maler-Praline

Klavier-Praline

4.2 Tortenstücke – Ausgehend von Kunstwerken des Künstlers Alfred Grimm eigene Tortenstücke aus Alltags- und Fundmaterialien herstellen

Material

Abbildungen der Tortenstücke des Künstlers Alfred Grimm auf Folie (s. S. 54), Overheadprojektor, „Speisekarte" (s. S. 53), Styroporplatte (Stärke etwa 8 cm – im Baumarkt sehr günstig als Dämmmaterial erhältlich), Pappmaschee, Abtönfarben, Pinsel, Scheren, Klebstoff, evtl. Heißklebepistole, verschiedene Alltags- und Naturmaterialien (z. B. Kronkorken, Stoff- und Wollreste, kleine Verpackungen, Steine, Laub), Fundstücke der Kinder, Kittel, Abdeckungen für die Tische, Pappteller für Präsentation

Ziel der Stunde

Nach der Betrachtung und Besprechung von Abbildungen einzelner Tortenstücke des Künstlers Alfred Grimm und evtl. angeregt durch ausgefallene Torten- und Kuchennamen, bauen die Kinder eigene „verrückte" Tortenstücke.

Begründung des Themas und Intention

Der deutsche Künstler Alfred Grimm (∗ 1943) arbeitet seit den Achtzigerjahren an einer Werkserie mit Tortenobjekten unter dem Titel „Ein schönes Stück Deutschland", zu der bereits über 60 verschiedene Tortenstücke gehören. Für den Kunstunterricht in der Grundschule eignen sich einige Tortenstücke Grimms aufgrund ihres ausgefallenen, narrativen und Kinder ansprechenden Aussehens und der Tatsache, dass Grimm aus dem normalerweise weichen Tortenstück ein hartes, unappetitliches Torten-Objekt macht. (Grimm verwendet auch schon mal Steine, Haare oder Pferdeäpfel für seine Tortenstücke.) Die daraus resultierende Irritation kann im Kunstunterricht produktiv in eigene „Torten-Ideen" der Kinder umgesetzt werden.

Aufbau der Stunde

Einstiegsphase

Die Kinder tragen ihr Wissen über Torten und Kuchen zusammen. Fragen wie, zu welchen Anlässen man Torten isst, welche die Lieblingstorte ist, wie sie schmeckt und aus welchen Zutaten sie besteht, können alle Kinder beantworten.

Erarbeitungsphase

Nach der Ankündigung, dass jetzt Tortenstücke eines Künstlers gezeigt werden oder als stummer Impuls, wird die Folie mit den Tortenstücken von Alfred Grimm gezeigt. Bei der Betrachtung der Abbildungen können die Kinder überlegen, wie die Torten heißen könnten, woran man das erkennen kann und woraus das Tortenstück wohl besteht.

Nach der Bildbetrachtung erfolgt die Ankündigung der Ausstellung am Ende der Einheit (s. u.) und der Auftrag, ein verrücktes Tortenstück zu bauen, das den Besuchern der Ausstellung präsentiert („aufgetischt") wird. Als Arbeitsanregung werden zunächst gemeinsam „verrückte" Tortennamen gesammelt und überlegt, wie diese Tortenstücke denn wohl aussehen können. Eventuell kann die Lehrerin/der Lehrer als Anregung eine „Speisekarte" (z. B. der „Konditorei Zuckermann") austeilen, auf der verschiedene Tortennamen aufgeführt sind (z. B. Aquariumtorte, Maulwurftorte,

Sandkuchen, Waldtorte, Fellkuchen). Wieder kann gemeinsam untersucht werden, wie diese Torten aussehen könnten. Vor der Arbeitsphase werden die Ideen der Kinder gesammelt.

Konditorei Zuckermann

❦

Torten
Aquariumtorte
Maulwurftorte
Stromburgtorte
Waldtorte
Himmelstorte

❦

Kuchen
Sandkuchen
Fellkuchen
Baumkuchen

❦

Traumtorte der Woche
Mädchentorte
oder Jungentorte

❦

Durchführungsphase

Zu Beginn der Arbeitsphase erhält jedes Kind ein „Tortenstück" aus Styropor. Die Lehrerin/der Lehrer sollte diese länglichen dreieckigen Stücke vorher mit einem Cuttermesser oder einer Styroporschneidemaschine aus der Styroporplatte ausschneiden. Die Kinder behandeln ihr Stück zunächst mit Pappmaschee. Es ist zwar auch möglich, das Styroporstück nicht mit Pappmaschee „einzukleistern". Dies ist aber nachteilig, wenn anschließend etwas mit Heißkleber aufgeklebt wird.

Die Kinder können nun das Tortenstück passend zum Namen der jeweiligen Torte und ihren Vorstellungen entsprechend gestalten (anmalen, bekleben usw.). Dabei steht den Kindern während der ganzen Zeit ein Repertoire an Alltags- und Naturmaterialien, Farben, Scheren, Klebstoff usw. zur Verfügung. Auch eigene Fundstücke können integriert werden. Die Kinder haben dann so viel Zeit, wie sie zur Realisierung ihres Vorhabens brauchen, also u. U. mehrere Doppelstunden.

Auswertungsphase

Wenn die Tortenstücke fertig sind, können die Kinder schon die Präsentation für die kommende Ausstellung proben. Dafür erhalten sie Pappteller, auf denen sie

ihre Tortenstücke arrangieren, indem sie den Teller als „Umgebung" mitgestalten (zum Beispiel als Meer bei einer Strandtorte, mit Tannennadeln und Tannenzapfen bei der Waldtorte usw.). Die anderen Kinder können anhand des Aussehens des jeweiligen Tortenstücks und der Art der Präsentation den Namen des Tortenstücks erraten (z. B. das grüne Tortenstück mit kleinen Papierbäumen darauf und einem Tannenzapfen und Tannenzweigen daneben ist das „Waldtortenstück").

Alfred Grimm: Aus der Serie „Ein schönes Stück Deutschland", 1987
Nr. 6:   Aachener Spring-Turnier-Torte und
Nr. 31: Hünxer-Deponie-Torte

4.3 Tortenausstellung – Eine Ausstellung gestalteter Konditoreiwaren für andere Klassen planen und ausführen

Material

Große Bögen Papier (DIN A3 oder größer) und dicke Filzstifte für die Ausstellungsplakate, weißes und farbiges Papier für die Einladungen, Zeitschriften, Schere, Klebstoff, Stifte, runde Schablone

Ziel der Stunde

Die Kinder fertigen Plakate und Einladungen für die Ausstellung an und überlegen gemeinsam, wie sie ihre Werke am besten in einer Ausstellung präsentieren können.

Begründung des Themas

Eine Kunstausstellung mit den Werken, die im Kunstunterricht entstanden sind, stellt nicht nur eine Motivation während des Arbeitens an den Pralinen und Tortenstücken dar, sondern ist auch eine Würdigung der fertigen Arbeiten der Kinder. Die Tatsache, dass eine Ausstellung stattfindet, sollte den Kindern daher vom Beginn der Einheit an bekannt sein und die Ausstellung sollte auch nur durchgeführt werden, wenn dieses Vorhaben auf eine positive Resonanz bei den Kindern stößt.

In der Planung solch einer Ausstellung wird den Kindern zudem der Sinn einer adäquaten Präsentation ihrer Werke bewusst (z. B. durch das Untersuchen der Wirkungen verschiedener Präsentationsformen).

Auch ein fächerübergreifender Bezug zum Deutschunterricht wird beim Gestalten von Einladungskarten und -plakaten hergestellt, wenn die Kinder selbst einen auffordernden und informativen Text dafür formulieren.

Aufbau der Stunde

Ein präziser, jederzeit wiederholbarer Verlauf solch einer (Doppel)Stunde) lässt sich sicherlich nicht formulieren. Die Kinder einer Klasse kamen beispielsweise von allein auf die Idee, Einladungskarten in Form einer (aufklappbaren) Torte zu gestalten.

Einstiegsphase

Der Text für die Plakate und Einladungen wird gemeinsam verfasst. Zunächst können Stichworte von

der Lehrerin/dem Lehrer unter der Fragestellung „Was muss auf einer Einladung/einem Plakat stehen?" gezielt gesammelt werden. Der formulierte Text kann an die Tafel geschrieben werden und wird von den Kindern anschließend nur noch auf die Einladungen und Plakate übertragen.

Erarbeitungsphase

Die Materialien für die Einladungen (weißes und farbiges Papier) liegen für alle Kinder zugänglich aus. Falls eine Einladung in „Tortenform" gestaltet werden soll, kann eine runde Schablone (aus Pappe oder eine Untertasse) hilfreich sein. Die Kinder falten ein DIN-A4-Blatt im Querformat in der Mitte und zeichnen mit der Schablone einen Kreis auf, aber so, dass die Schablone an der gefalteten Seite etwas über den

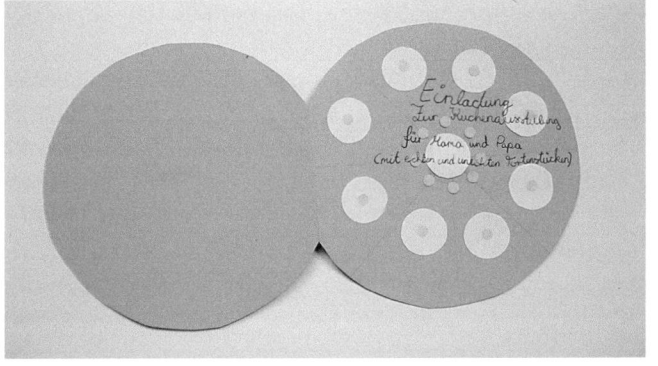

Falz hinausragt, damit dieser Falz bei der fertigen Einladung wie ein Buch aufgeklappt werden kann.

Durchführungsphase

Die Kinder schneiden die runde Form aus. Sie bekleben und bemalen die Vorderseite der Einladung nach ihren persönlichen Vorstellungen wie eine Torte. Anschließend übertragen sie den Text von der Tafel in ihre Einladung. In der durchgeführten Einheit haben die Kinder je eine Einladung für ihre Eltern und für die anderen Klassen der Schule gestaltet.

Die Kinder, die mit ihrer Arbeit fertig sind, können die Plakate gestalten. Sie können sie individuell nach ihren Vorstellungen bemalen und bekleben (z. B. als „Tortencollage" mit Abbildungen von Torten und Kuchen aus Backzeitschriften). In der durchgeführten Einheit wurde das gemalte „Torten-Bild" eines Kindes mehrmals farbig kopiert und auf die Plakate geklebt. Bei der Beschriftung der Plakate sollte die Lehrperson mit den Kindern besprechen, dass der Text auf einem Plakat gut sichtbar sein und daher mit dicken Stiften und in großer Schrift geschrieben werden muss.

Eine Auswertungsphase dieser Stunde entfällt, jedoch können die Kinder die Plakate gut sichtbar aufhängen und die Einladungen in den anderen Klassen verteilen. Dabei sollte die Lehrerin/der Lehrer behilflich sein.

Auch die Durchführung der Ausstellung wird von den Kindern mitgeplant, schließlich ist es „ihre" Ausstellung. Dazu kann die Klasse (die Eingangshalle, die Aula o. Ä.) einmal probeweise so präpariert werden, wie sie in der Ausstellung aussehen soll. Verschiedene Anordnungen der Tische und der fertigen Werke, unterschiedliche Beleuchtungen, unterschiedliche Beschriftungen der Arbeiten (z. B. mit Namen der Kinder und Werktitel) können dabei ausprobiert und auf ihre Wirkung hin untersucht werden.

Die Tortenausstellung

In der durchgeführten Einheit fand die Ausstellung (ausschließlich der Tortenstücke) in der großen Pause im Klassenraum statt. Am Tag zuvor hatten wir gemeinsam einen Kuchen für die Ausstellung gebacken, sodass zu einer Ausstellung mit echten und unechten Kuchenstücken geladen werden konnte. Einzelne Kinder hatten Servietten und lange Papiertischdecken mitgebracht und außerdem zu Hause noch weitere Kuchen gebacken. Die Werke wurden zusammen mit Kuchengabeln auf Papptellern präsentiert, die ebenfalls noch präpariert worden waren (z. B. mit Blumen und Gras bei der „Gartentorte" usw.). Hinter einer breiten Kuchentheke mit dem „echten" Kuchen standen Kinder, die die hungrigen Besucher (Mitschüler, Eltern, Lehrer) „versorgten". Durch die Ankündigung in den

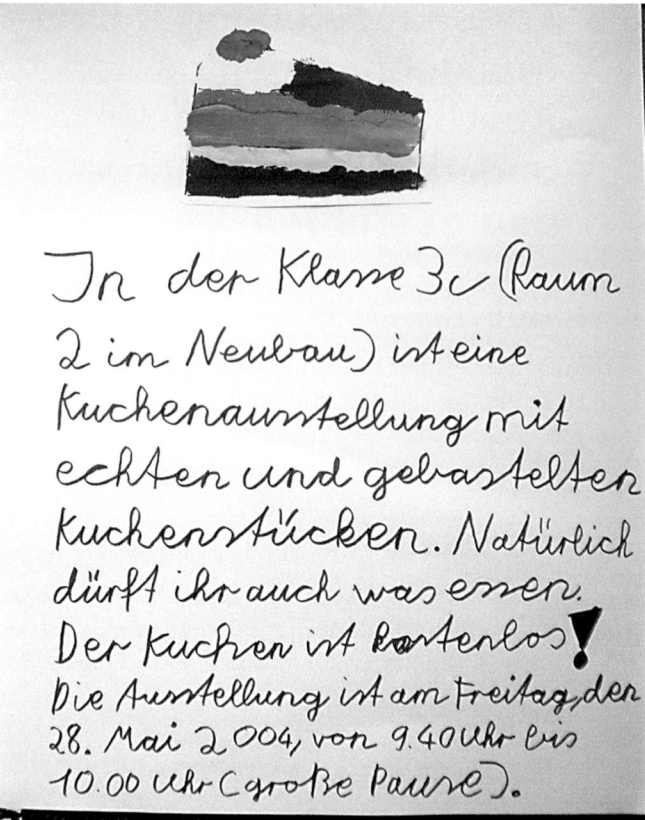

Einladungen und Plakaten, dass es „Freikuchen" gäbe, waren viele Gäste (vor allem Kinder) erschienen, die unter Umständen ohne diese Verlockung nicht gekommen wären, weil sie an Kunstausstellungen wenig interessiert sind. Aber auch die meisten dieser Gäste bestaunten mit vollem Mund die „unechten" Tortenstücke.

Literatur

PERRIER-ROBERT, A.: *Bonbons und andere Süßigkeiten.* Erlangen 1996

KUNSTFORUM international Bd. 159: *Essen und Trinken I.* Ruppichteroth 2002

KUNSTFORUM international Bd. 160: *Essen und Trinken II.* Ruppichteroth 2002

5 Unter Wasser – über Wasser

Thema und Intention

Die Unterrichtsreihe enthält mit den beiden Schwerpunkten „unter Wasser" und „über Wasser" ganz unterschiedliche Zugangsweisen zum Thema.

Die Unterwasserwelt ermöglicht den Kindern Einblicke in einen faszinierenden Lebensraum. Dort finden sie eine unglaubliche Vielfalt von Fischen, Korallen, Muscheln und Krustentieren, die an Farben, Formen und Gestalten viel zu bieten hat. Der vorerst sachorientierte Zugang in der Unterrichtsreihe zeigt den Kindern einen Bereich der Natur, der sehr anziehend auf sie wirkt und ihr Farben- und Formenrepertoire auch in gestalterischer Hinsicht erweitern kann. Hierbei bieten die ausgefallenen Fische und ihre genauso bemerkenswerten Namen wie z. B. „Doktorfisch", „Pinzettfisch" oder „Drachenkopf" einen guten Anknüpfungspunkt. Die Wahrnehmung der Kinder kann durch diesen Zusammenhang geschärft werden. Die Unterwasserwelt bietet Kindern als Fantasiewelt zudem einen weiten Raum, ihre Erfahrungen und Ideen einzubringen. Angeregt durch die unterschiedlichen (realen) Fischnamen, sollen die Kinder eigene Gestaltungen entwickeln. Es entsteht eine individuelle Gestaltungssprache, die auf den Namen des Fisches verweist.

Wasserfahrzeuge jeglicher Art sind immer ein Thema für Kinder. Kleine Papierschiffchen hat wohl jedes Kind im Laufe der Kindergartenzeit schon einmal gebastelt und auf einem Bach oder in der Badewanne schwimmen lassen. Für die Schülerinnen und Schüler ist es interessant zu erfahren, warum und wie Menschen sich auf dem Wasser fortbewegt haben. Auch Künstler haben sich mit Booten und Schiffen auf span-

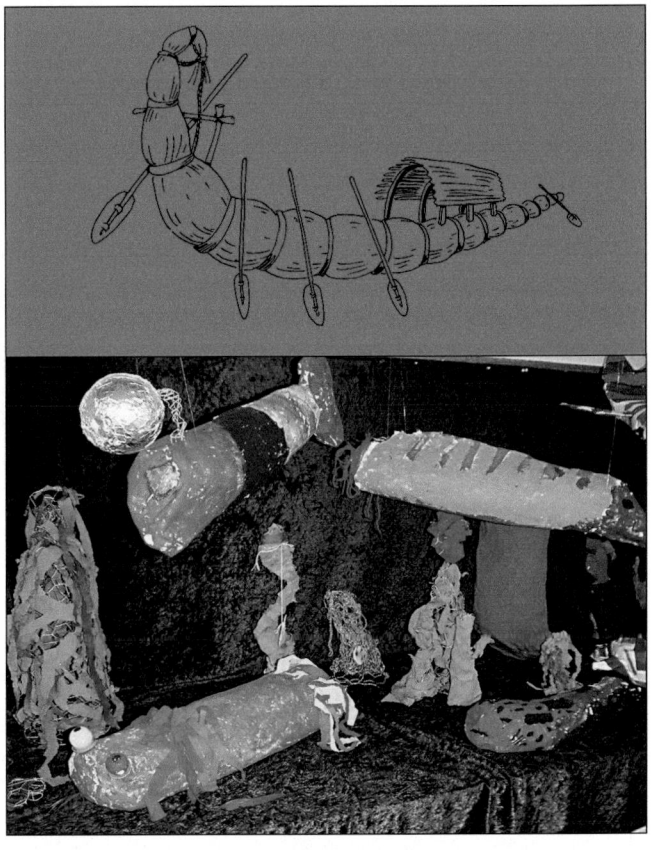

nende Weise auseinandergesetzt. Die Betrachtung der Kunstwerke ermöglicht den Kindern einen neuen Blickwinkel. Daran anknüpfend, mit vielen neuen Eindrücken zum Thema, gestalten die Kinder ihr eigenes Schiffchen oder Boot. Kinder haben viele Ideen, welche Ladung diese Wasserfahrzeuge gerade befördern, welches Ziel ihr Schiff ansteuert oder wer darauf reist. Die Wasserfahrzeuge sollen am Ende der Reihe schließlich zu Wasser gelassen werden.

Informationen zur Unterrichtsreihe

Ziel der Reihe	Die Kinder nähern sich dem Thema Wasser in der Unterrichtsreihe von zwei unterschiedlichen Blickwinkeln. Sie sollen dabei sachorientierte, kulturgeschichtliche und künstlerisch-praktische Aspekte kennenlernen und kreative eigene Ideen umsetzen.
Aufbau der Reihe	• **Diskokugelfisch und Sockenbarsch** – Ausgehend von exotischen Fischen Plastiken von Fantasiefischen herstellen und eine Unterwasserwelt damit gestalten (3 bis 4 Doppelstunden)
	• **Gespensterschiff und Entspannungsboot** – Unterschiedliche Wasserfahrzeuge betrachten und davon ausgehend Spezialschiffe für eine Regatta bauen (3 bis 4 Doppelstunden)

5.1 Diskokugelfisch und Sockenbarsch – Ausgehend von exotischen Fischen Plastiken von Fantasiefischen herstellen und eine Unterwasserwelt damit gestalten

Material

Abbildungen von Fischen als Farbkopie oder als Folie (s. S. 62), Fischnamen auf Kärtchen kopiert oder auf Folie (s. S. 61), Papier und Farben (Wasserfarben, Kreide oder Buntstifte …), Maschendraht, Seitenschneider, Papier, Kleister, Kleisterschälchen, Federn, Pappe, Krepppapier, Abtönfarben, Pinsel, Stoffreste, Silber- und Goldfolien, Knöpfe, Korken, Filmdöschen, Draht, Schaschlikspieße usw., Werkzeuge wie Heißklebepistole, Scheren

Ziel der Stunde

Die Kinder sollen in der Auseinandersetzung mit unterschiedlichen Fischarten und ihren Namen für die verschiedenen Farben und Formen der Tiere sensibilisiert werden. Durch weitere zur Gestaltung anregende Fischbezeichnungen sollen die Kinder zur Entwicklung eigener Fantasiefische angeregt werden.

Begründung des Themas und Intention

Die Tierart Fische fasziniert die Kinder in der Grundschule besonders. Auch im Alltag der Schülerinnen und Schüler ist das Thema häufig in Kinderbüchern wie dem „Regenbogenfisch" oder auch in Kinofilmen zu finden. Im Kindergarten haben die Kinder meist schon eine Unterwasserwelt im Schuhkarton oder Ähnliches gebastelt.

An diese Alltags- und Bastelerfahrungen der Kinder anknüpfend nähern sie sich dem Thema zuerst von sachunterrichtlicher Seite. Die Schülerinnen und Schüler sollen zunächst für die gänzlich verschiedenen Fischformen und -farben sensibilisiert werden, um ihre Vorstellung vom Tier Fisch zu erweitern. Diese neuen Erfahrungen sollen sie dann für die persönliche Gestaltung nutzen. Die „realen" Fischnamen, die die Kinder kennenlernen, lösen sofort eine Vorstellung des Fisches im Kopf aus und regen sie zu eigenen Gestaltungen an, z. B. Elefantenrüssler …

Durch das Betrachten der unterschiedlichen Fische im Zusammenhang mit den Fischnamen soll die visuelle Wahrnehmung geschärft und die Verstehensfähigkeit für ästhetische Erscheinungen erweitert werden. Die unterschiedlichen Fischnamen regen die Kreativität der Kinder an und entwickeln sie weiter. Bei der grafischen Gestaltung der Fische sollen die Schülerinnen und Schüler ihre markanten Merkmale bewusst darstellen, wodurch die feinmotorischen Fähigkeiten geschult werden. Später, beim plastischen Gestalten ihres Fisches, planen die Kinder ästhetische Prozesse auf der Basis differenzierter Wahrnehmung. Dabei lernen sie verschiedene Werkzeuge und Materialverbindungen kennen, erfahren Alltagsgegenstände als Gestaltungsmittel und gestalten in der Pappmaschee-Technik ein plastisches Objekt, das schließlich mit pastosen Farben bemalt wird. Die Kinder sammeln dabei weitere Erfahrungen im Farbenmischen.

Aufbau der Stunde

Einstiegsphase

Den Kindern werden die sechs verschiedenen Abbildungen von Fischen (s. S. 62) gezeigt. Darüber sind ungeordnet Fischnamen (s. S. 61) angebracht. Diese Liste bietet der Lehrerin/dem Lehrer eine Vielzahl von Namen, auch zur eigenen Anregung. Es sollte jedoch für die Klasse eine Vorauswahl getroffen werden, um die Kinder nicht zu überfordern. Auf der Liste sind tatsächliche Fischnamen aufgeführt. Es sollte den Kindern später aber auch ermöglicht werden, eigene Namen für ihre Fantasiefische zu erfinden.
Die Kinder erhalten den Auftrag, zunächst einmal die Abbildungen zu betrachten und sich Gedanken über eine Zuordnung der Namen zu machen.

Erarbeitungsphase

Die Fische haben ein prägnantes Äußeres, sodass man tatsächlich vom Namen auf ihre Form oder Farbe schließen kann bzw. umgekehrt. Es folgt ein Zuordnungsspiel von Fisch und Name, das dazu dient, die Wahrnehmung der Kinder in Bezug auf Farben und Formen zu schärfen. So wird ihre Vorstellung zum Thema „Fisch" erweitert. Als weiteres Wahrnehmungsspiel kann die Lehrerin/der Lehrer an dieser Stelle weitere Fischabbildungen präsentieren und die Kinder denken sich dazu passende Namen aus. Dadurch wird die Kreativität der Kinder angeregt.

Durchführungsphase

An der Tafel werden nun acht bis zehn verschiedene Fischnamen gezeigt und gemeinsam gelesen. Die Kinder werden sofort Ideen äußern, wie diese Fische aussehen könnten. Anschließend an die Ideensammlung erhalten die Kinder den Arbeitsauftrag, einen passenden Fisch zu einem der Fischnamen zu malen. Später soll aufgrund dieses Bildes der Name des Fisches erraten werden können. Dazu wird den Kindern freigestellt, ob sie mit Kreiden, mit Wasserfarben oder in einer anderen Technik malen.

Auswertungsphase

Die Namen der Fische und Fischbilder der Kinder werden an der Tafel aufgehängt und es beginnt ein Zuordnungsspiel wie zu Beginn. Das Kind, das zuordnet, nennt dabei die Kriterien für seine Wahl, sodass Gestaltungsmerkmale spielerisch herausgestellt werden. Die Bewusstwerdung über die Bildsprache bereitet auch die nachfolgende plastische Gestaltungsphase vor.

Plastische Gestaltung

Einstiegsphase

Es wird eine Liste mit Fischnamen (s. S. 61) vorgelesen. Sie wird anschließend mehrfach in der Klasse ausgehängt, damit die Kinder überlegen können, welcher Name Anregung für einen Fantasiefisch sein könnte. Dabei sollen die Fischnamen durchaus wörtlich aufgefasst werden. Auch eigene Wortkompositionen sind möglich, wie z. B. der „Böse Sockenfisch".

Erarbeitungsphase

Haben die Kinder sich für einen Fischnamen entschieden, wird ein Entwurf des Fisches gemalt. Als Nächstes erläutert die Lehrerin/der Lehrer den Kindern die Technik, den Fischrumpf aus Maschendraht und Pappmaschee zu bauen. Eine Rohform aus Maschendraht sollte zur Demonstration bereitgehalten werden, um den Kindern zu zeigen, dass der Fischrumpf in jede

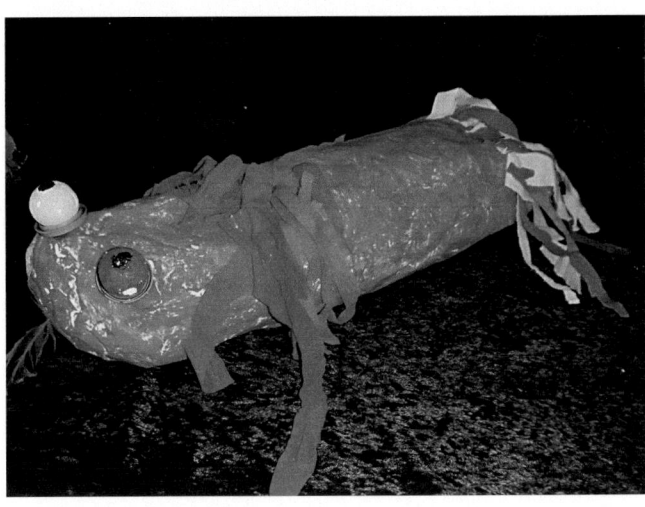

erdenkliche Form gebracht werden kann. Die Kinder sollten eine ungefähre Vorstellung von der Form des Fisches haben, sie kann sich aber auch beim Biegen des Maschendrahtstückes ergeben.

Durchführungsphase

Nach der Technikeinführung erhält jedes Kind ein ausreichend großes Stück Maschendraht und beginnt, seine Fischgestalt zu formen. An den Stellen, an denen der Draht geschnitten wurde, stehen die spitzen Drahtenden ab. Die Kinder sollten darauf hingewiesen werden, dass diese Enden vorsichtig umgebogen werden müssen, damit sie sich nicht verletzen. Auch können diese Enden als Verbindungsdrähte genutzt werden.

Nachdem die Fischform gebogen und ausgestaltet ist, folgt als nächster Schritt das Umhüllen der Form mit Kleister und Papierschnipseln. Diesen Schritt sollte die Lehrerin/der Lehrer demonstrieren, auch wenn viele Kinder das Kleistern noch aus dem Kindergarten kennen. Sind ca. drei bis fünf Papierschichten aufgetragen und möglichst glatt übereinandergestrichen, muss das Gerüst erst einmal trocknen. In der nächsten Doppelstunde kann der Fisch dann mit den bereitgestellten Materialien weiter ausgestaltet werden.

Dazu sollte eine Station für die Heißklebepistole aufgebaut und ein Ordnungssystem für die Materialien eingerichtet werden, da die Kinder diese Dinge in den nächsten Stunden immer wieder brauchen. Vor diesem Schritt bietet sich aber eine Zwischenreflexion an, in der die Schülerinnen und Schüler ihre Vorhaben äußern können, um andere mit Ideen anzuregen oder sich auch Hilfen für die eigene Gestaltung zu holen. Die Vorerfahrungen der Kinder in der Arbeit mit Alltagsmaterialien und auch der Heißklebepistole müssen an dieser Stelle berücksichtigt werden. Außerdem sollte den Kindern eine farbige Gestaltung mit flüssigen Farben ermöglicht werden. Je nach Dauer der Arbeitsphase kann zu Beginn der Stunden ein Gesprächskreis für den Fortlauf der Arbeit sehr nützlich sein.

Auswertungsphase

Im Prozess der Arbeit und den Besprechungsrunden wird von den Kindern in Gesprächen immer wieder ihr Tun reflektiert. Entweder, indem sie anderen ihr Vorhaben erläutern und Fragen der anderen zu ihren Arbeiten beantworten, sobald sie auftauchen, oder wenn gestalterische Ergebnisse thematisiert werden. Die Kinder sollen ihre eigenen Lösungen nach dem Prinzip „trial and error" finden und sie in ihrem Tun unter dem Gesichtspunkt „passende Lösung oder nicht" reflektieren. Am Schluss der Reihe kann es dann entweder eine Ausstellung der Fische geben, oder aber in der Schule findet sich ein Platz, in dem die Fische eine Weile dauerhaft präsentiert werden können. Es bietet sich an, dafür eine Unterwasserlandschaft zu bauen.

Literatur

RINALDI, R.: Großes Barriereriff. Tauchführer. Hamburg 1998

FELIX, J./TOMANN, J./HISEK, K. (HG.): Der Große Naturführer. Unsere Tier- und Pflanzenwelt. Stuttgart 1984

EICHLER, D.: Tropische Meerestiere. Bestimmungsbuch für Taucher und Schnorchler. München 1997

Fischnamen

Grüner Vogelfisch

Sternen-Kugelfisch

Elefantenrüssler

Seeratte

Hundsfisch

Hexenwels

Goldfisch

Neunauge

Masken-Papageifisch

Fähnchenfalterfisch

Katzenhai

Mondsichelfalterfisch

Schachbrett-Junker

Zahnkarpfen

Pyjama-Kardinal

Felsenbarsch

Rotmaulzackenbarsch

Schwertfisch

Drachenkopf

Glitterfalterfisch

Bürsten-Feilenfisch

Steinbeißer

Rotfeuerfisch

Glasfisch

Schmucksalmler

Näsling

Diskusfisch

Fliegender Fisch

Feuerschwanz

Engelantennenwels

Purpur-Fahnenbarsch

Krokodilfisch

Großaugenbarsch

Gestreifter Schiffshalter

Blaustreifen-Straßenkehrer

Langflossen-Fledermausfisch

Röhrenmaul-Pinzettfisch

Schwertgrundel

Halsbandanemonfisch

Harlekinzahnlippfisch

Gelbschwanz-Perjunker

Seezunge

Gestreifter Dreiflosser

Säbelzahnschleimfisch

Labyrinthfisch

Röhrenmaul-Pinzettfisch

Goldtupfen-Doktorfisch

Palettenstachler

Blaupunktrochen

Schlanker Feilenfisch

Metallpanzerwels

Feuer-Schwertgrundel

Tropische Meeresfische

Rotfeuerfisch

Krokodilfisch

Feuer-Schwertgrundel

Röhrenmaul-Pinzettfisch

Blaupunktrochen

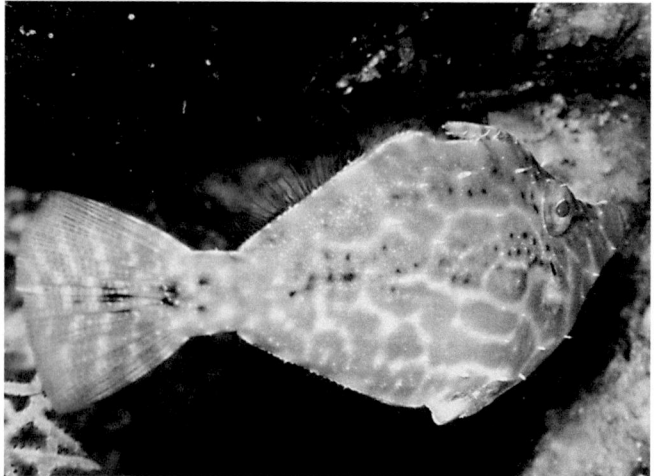

Schlanker Feilenfisch

Bergedorfer Grundschulpraxis: Kunst – 1./2. Klasse, Band 1
© Persen Verlag

5.2 Gespensterschiff und Entspannungsboot – Unterschiedliche Wasserfahrzeuge betrachten und davon ausgehend Spezialschiffe für eine Regatta bauen

Material

Abbildungen „Schiffe" als Kopie und/oder auf Folie (s. S. 66 und 67), Overheadprojektor, Alltagsmaterialien wie Korken, Plastikschalen, Papierschachteln, Papierrollen usw., Naturmaterialien, Stoffreste, Folien, Styropor, Holz, Schaschlikspieße, in Wasser eingelegte Binsen, Bindfaden, Nähnadeln, Werkzeuge wie Cutter, Hammer, Nägel, Heißklebepistole

Ziel der Stunde

Die Kinder sollen nach der Betrachtung von Abbildungen verschiedener Wasserfahrzeuge aus der Kulturgeschichte und unterschiedlicher Kunstwerke zum Thema ein eigenes Wasserfahrzeug bauen, das Teil einer Geschichte oder eines Traumes ist.

Begründung des Themas

Schiffe, Boote, Flöße usw. treffen bei Kindern auf ein großes Interesse. In dieser Einheit sollen sie, angeregt durch Beispiele aus der Geschichte und der Kunst, ein Wasserfahrzeug gestalten, das Teil einer Geschichte, z. B. von einem Abenteuer, einem Urlaub, einem Gespenst, einem Traum usw. ist. Sie sollen im plastischen Gestalten von Wasserfahrzeugen kreativ eigene Lösungen für Gestaltungsprobleme entwickeln. Als Voraussetzung sollte den Kindern der Umgang mit der Heißklebepistole bekannt sein und eventuell auch schon einige weitere Möglichkeiten der Montage von Alltagsmaterialien, z. B. Tackern, Knoten und Kleben mit Klebeband. Farbiges Gestalten durch Bemalung mit flüssigen Farben oder durch Bekleben mit farbigen Papierresten kann in der Ausgestaltung der Schiffe ein weiterer Schwerpunkt sein. So entstehen Spezialwasserfahrzeuge, denen die Kinder durch eine selbst gewählte Thematik ihre individuelle Note geben. Beispielsweise wurden u. a. das „Entspannungsboot", das „Gespensterschiff" oder das „Künstlerboot" gebaut, die der Einheit z. T. ihren Namen geben.

Werden die Wasserfahrzeuge auf ihre Schwimmfähigkeit geprüft, können fächerübergreifende Bezüge zum Sachunterricht hergestellt werden.

Zum Hintergrund und den Kunstwerken

Man vermutet, dass die ersten Wasserfahrzeuge der Einbaum oder auch das Floß waren. Der tägliche Kampf um Nahrung hat die Menschen dazu gezwungen, sich aufs Wasser zu begeben, sei es zum Fischen oder aber, um Handelsgüter zu transportieren. Um sich fortzubewegen, benutzten sie Paddel. Mit der Zeit begann sich die Gestaltung der Schiffsform zu entwickeln. Zuerst wurden Baumstämme ausgehöhlt und an den Enden angespitzt, um im Inneren Dinge sicherer verstauen zu können. Irgendwann kamen die Menschen darauf, ein Segel auf dem Boot zu befestigen und die Windkraft zur Fortbewegung zu nutzen.

Je nach Region entwickelten sich unterschiedliche erste Bootsformen wie der Einbaum in Afrika, geflochtene Korbboote in Indien, Auslegerkanus auf den Südseeinseln oder auch die Kajaks der Eskimos. Diese Entwicklungen hingen u. a. mit dem zur Verfügung stehenden Material zusammen. Die ersten größeren Schiffe entstanden schließlich bei den Ägyptern um 3000 v. Christus. In der Folgezeit entwickelten sich immer funktionstüchtigere Handels- und auch Kriegsschiffe. Die ersten dreimastigen „Karacken" kamen erst im 15. Jahrhundert auf. Mit einem solchen Schiff ging Kolumbus auf Reisen und entdeckte 1492 Amerika.

Das Zeitalter der Dampfschifffahrt war auch das Zeitalter der Industrialisierung. Die Gütermengen wuchsen, genauso stiegen Zahl und Größe der Dampfer. Sowohl Güter als auch Menschen wurden auf diesen Schiffen transportiert. Von 1909 bis 1929 war die MAURETANIA das Schiff, das am schnellsten den Atlantischen Ozean überqueren konnte.

Heute existieren Schiffe in allen Größen und Formen, die zu verschiedensten Zwecken eingesetzt werden, zum Transport von Gütern, Passagieren, oder Kreuzfahrtschiffe, auf denen Urlaub gemacht wird, bzw. Schiffe oder Boote für den Sport.

Auch Künstler haben sich mit dem Thema auseinandergesetzt, wie z. B. Anatol, der ein zehn Meter langes Schiff aus Spezialkunststoff gebaut hat, das aussieht wie ein gefaltetes „Papier"-Schiff. Er hat gesagt, dass er in diesem Schiff die Träume der Kinder mitbringe.

Der lateinamerikanische Künstler Alexis Leyva hat in seinem Werk „Die Regatta" viele kleine Boote und andere Wasserfahrzeuge aus Holz und Industriemüll zusammengestellt. Die Installation gleicht einer Skizze. Für die Kinder liegt hier der Reiz in der Einfachheit, der Ansammlung und der Wahl des Materials, das die gleichen „Fundstücke" zeigt, die auch Kinder im Alltagsspiel verwenden. In der Betrachtung einzelner Objekte kann zu jedem Bötchen eine eigene Geschichte gefunden werden.

Schließlich kann auch ein ungewöhnliches „Donald-Duck-Bötchen" aus China Anregung zur Gestaltung eines eigenen Wasserfahrzeuges geben. Schiffe erzählen immer von etwas. Sie erzählen, woher sie wohl kommen, wo sie hinfahren, was die Besatzung auf ihnen erlebt hat usw.

Aufbau der Stunde

Einstiegsphase

Die Kinder erhalten vor der Unterrichtsstunde den Auftrag, Bilder und Informationen zu unterschiedlichsten „Wasserfahrzeugen" zu sammeln und mitzubringen. Sie betrachten in der Unterrichtsstunde zunächst verschiedene Abbildungen von Wasserfahrzeugen vom Floß bis zum modernen Kreuzfahrtschiff. Die Lehrerin/der Lehrer erklärt ihnen, warum und wie Menschen sich auf dem Wasser fortbewegen. Die einzelnen Sachinformationen sollen in kleine Geschichten ein-

gekleidet werden, um sie für die Kinder lebendig zu machen. Gleichzeitig tragen die Kinder ihr eigenes Wissen zum Thema im Unterrichtsgespräch bei und erklären ihr mitgebrachtes Material.

Erarbeitungsphase

Anschließend beschreiben die Kinder, wie die einzelnen Wasserfahrzeuge gebaut wurden, woraus sie bestehen und wie sie sich wohl fortbewegen. Das hier erworbene Wissen ist schon Gestaltungsanregung für die nachfolgende Arbeitsphase. Es werden an dieser Stelle auch Vermutungen angestellt, welche Materialien denn eigentlich im Wasser schwimmen. Fragen, z. B. warum Schiffe aus Eisen schwimmen, können im Sachunterricht aufgegriffen werden und führen wiederum zu einem bewussten Gestalten beim späteren Bau der Schiffe.

Die Werke der Künstler (eventuell nicht alle Werke und Künstler vorstellen, da die Einführungsphase sonst zu lang wird) werfen neue Fragestellungen zum Thema auf und ermöglichen einen neuen Blickwinkel auf die Sache. Künstlerische Strategien wie „Vergrößern" (ein kleines Papierschiff ganz groß) oder ein „Objekt mit einem ungewöhnlichen Attribut versehen" (Donald-Duck-Kopf auf einem Ruderboot) irritieren die Kinder in ihrer Wahrnehmung und sind Anlass für die Reflektion im Gespräch. Mögliche Geschichten zu den betrachteten Bildern bilden den Übergang zu eigenen Geschichten und geben Ideen für ein Wasserfahrzeug. Auch Vorschläge wie z. B. Piratenschiff, Postschiff, Schiff für Tiere oder Außerirdische regen die Kinder zu weiteren eigenen Ideen an. Diese Ideensammelphase ist sehr wichtig als Voraussetzung für die folgende Arbeitsphase.

Durchführungsphase

Die bereitgestellten Alltagsmaterialien, Styropor, Holzteile und Werkzeug stehen den Kindern zur Verfügung. Heißklebepistolen und Farben können von einem wechselnden Ordnungsdienst an Stationen auf- und hinterher wieder abgebaut werden. In einem Wasserbecken in der Klasse können die Kinder Material-Schwimmproben machen. Jedes Kind richtet sich seinen Arbeitsplatz ein und beginnt mit selbst mitgebrachten Materialien oder denen aus der Klasse, sein Schiff zu gestalten. Sinnvoll ist es, in dieser sich über mehrere Doppelstunden erstreckenden Arbeitsphase am Anfang oder Ende der jeweiligen Stunde Präsentations- und Besprechungsphasen durchzuführen. So können Gestaltungsprobleme, allgemeine Fragen usw. besprochen werden. Auch dienen diese Kreisgespräche immer der gegenseitigen Anregung und Motivation. Die Planung des Abschlusses mit einem Teich- oder Flussbesuch kann in diesen Phasen auch schon parallel durchgeführt werden. Falls kein geeignetes Gewässer in der Nähe ist, bietet sich als Alternative eine Ausstellung der Schiffe auf dem Schulhof, z. B. auf einer großen blauen Folie, an.

Auswertungsphase

Eine klassische Auswertungsphase entfällt in dieser Einheit, da die Kinder während der Arbeitsphase fortlaufend ihre Gestaltungen reflektiert haben, sei es in Gesprächen mit einzelnen Kindern, die immer wieder Fragen an das Tun des anderen stellen, oder aber in den gemeinsamen Kreisgesprächen, bei denen eigene Arbeiten oder die eines anderen Kindes auf die Gestaltung hin besprochen wurden.

Wichtig ist an dieser Stelle aber die Präsentation der einzelnen Arbeiten, die in einem gemeinsamen Ausflug zu einem nahe gelegenen Teich oder See, am besten gemeinsam mit einigen Eltern, bestehen könnte.

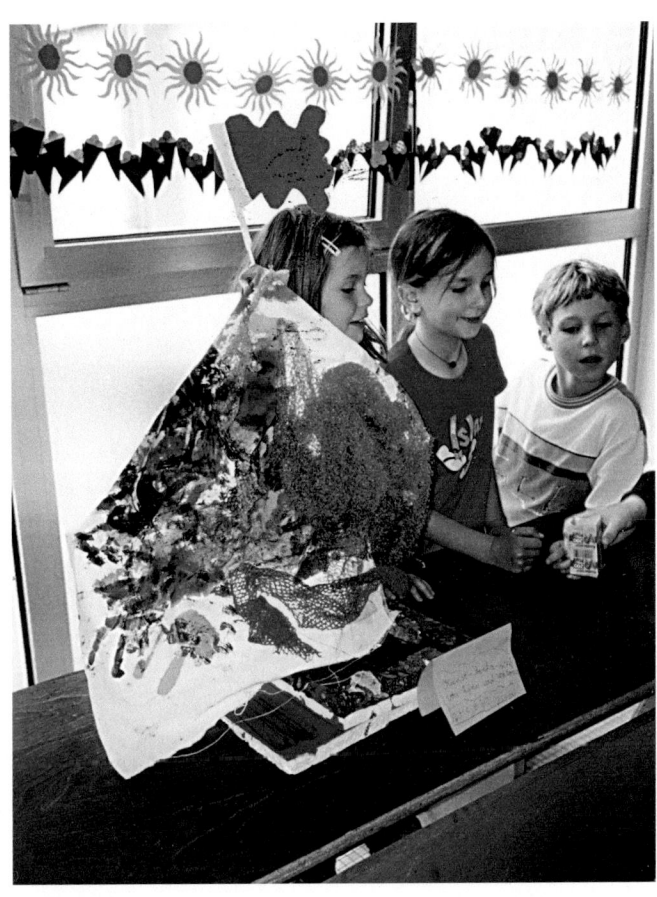

Literatur

KLUDAS, A.: Was ist was: Schiffe. Nürnberg 2002

Haus der Kulturen der Welt: Havanna/Sao Paulo – Junge Kunst aus Lateinamerika. Berlin 1995

MAERITZ, K.: Geheimnisvolles China. München 1999

KERN, E. u. a.: Was macht die Kunst? Basisreihe Kunst 1. Leipzig 2001

Schiffe

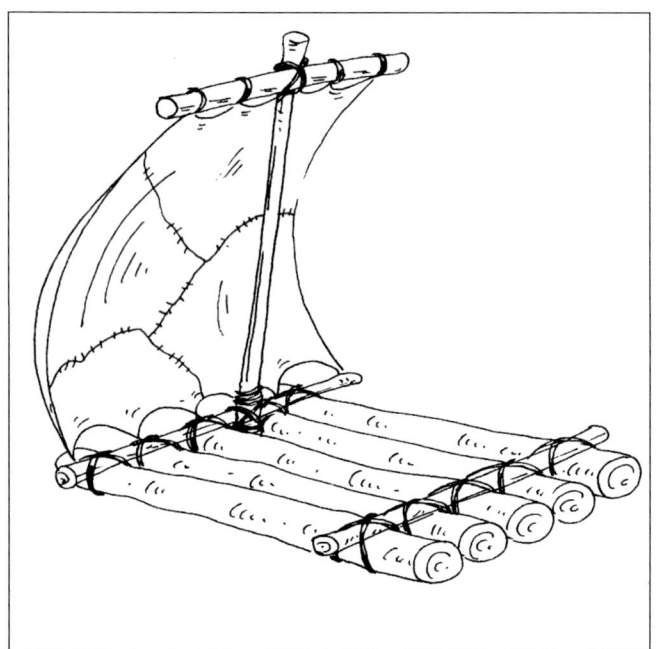

Floß

Segelboot (Ägypten)

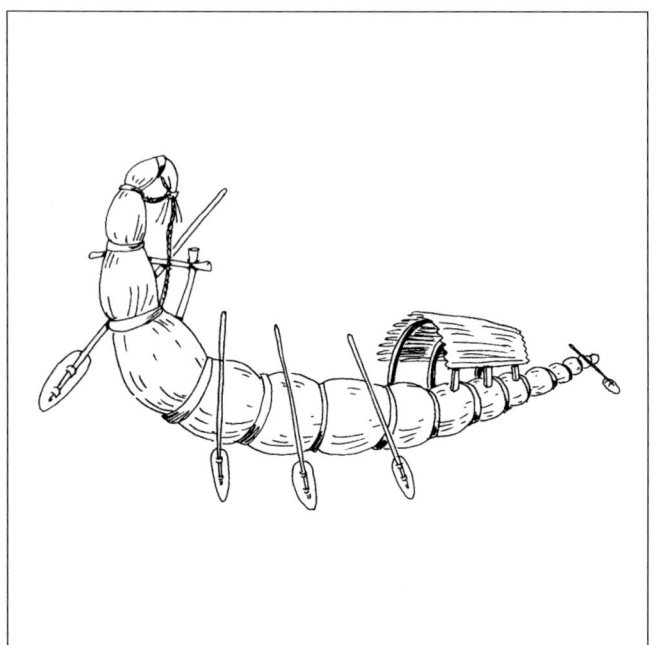

Papyrusboot

Karacke, 15. Jahrhundert

Bergedorfer Grundschulpraxis: Kunst – 1./2. Klasse, Band 1
© Persen Verlag

Schiffe

Donald-Duck-Boot

Alexis Leyva (Kcho): La Regata (Die Regatta), 1994

Anatol: Das Traumschiff Tante Olga, 1977

6 Puppen – vertraut und fremd

Thema und Intention

Das Thema „Puppe" bietet sich für den Kunstunterricht in der ersten und zweiten Klasse an, da jedes Kind, ob Mädchen oder Junge, eine „kleine Freundin" oder einen „kleinen Freund" hat, die oder der im weiteren Sinne die Funktion einer Puppe erfüllt, und an die die Kinder die verschiedensten Bedürfnisse herantragen. Sei es das Stofftier, das jeden Abend mit zum Kuscheln ins Bett geht, die Babypuppe, an der schon früh das Mutter- (oder Vater-)Sein erprobt wird, oder die Actionfigur, der magische Kräfte verliehen werden. In dieser Reihe werden aber Kachina-Figuren der Pueblovölker Nordamerikas als Anlass genommen, den Kindern einen anderen Blick auf das ihnen vertraute Thema „Puppe" zu ermöglichen und Differenzen sowie Gemeinsamkeiten festzustellen. Dabei sollen nicht die Merkmale einer anderen Kultur reproduziert, sondern bestimmte „Strategien" der fremden Kultur mit eigenen verglichen bzw. im eigenen kulturellen Kontext angewendet werden.

Der Schwerpunkt dieser Unterrichtseinheit liegt daher auf dem Bauen einer eigenen und individuellen Puppe aus Alltagsmaterialien. Dieses Arbeiten geschieht frei an verschiedenen Stationen (s. u.). An diesen Stationen lernen die Kinder neue Techniken kennen oder sie nutzen bereits bekannte Techniken, die sie so weiterentwickeln.

Die Gegensätze und Gemeinsamkeiten von Kachina-Figuren und Puppen, die Kinder hierzulande kennen, werden als Anlass genommen, den Kindern einerseits einen Teilaspekt indianischer Kulturen näherzubrin-

gen. Andererseits sollen sie zum Bauen individueller Puppen und in ihrer Kreativität angeregt werden. Außerdem bietet sich dieses Thema sehr gut für ein fächerübergreifendes Arbeiten zum Thema „Indianer", z. B. im Deutsch- oder Sachunterricht, an.

Informationen zur Unterrichtsreihe

Ziel der Reihe	Ausgehend von den Erfahrungen mit eigenen Puppen und Spielfiguren sowie durch die Beschäftigung mit den Kachina-Puppen der Puebloindianer Nordamerikas sollen die Kinder zur Gestaltung einer eigenen individuellen Puppe finden.
Aufbau der Reihe	● **Puppen einmal anders** – Lieblingsfiguren und Puppen aus dem Kinderzimmer unseres Kulturkreises mit indianischen Kachina-Figuren vergleichen (Doppelstunde)
	● **Meine Puppe kann ...** – Ausgehend von Kachina-Figuren eigene Puppen in Stationsarbeit herstellen (3 bis 4 Doppelstunden)
	● **Die etwas andere Puppenausstellung** – Eine Klassenausstellung zusammenstellen und die Gestaltungsergebnisse präsentieren (2 Doppelstunden)

6.1 Puppen einmal anders – Lieblingsfiguren und Puppen aus dem Kinderzimmer unseres Kulturkreises mit indianischen Kachina-Figuren vergleichen

Material

Verschiedene Spielfiguren, Puppen und Stofftiere der Kinder, Abbildung von Kachina-Figur (s. S. 71) auf Folie, Overheadprojektor, Arbeitsblatt (s. S. 72)

Ziel der Stunde

Die Kinder sollen von ihren Lieblingsspielfiguren und Puppen berichten, sich gegenseitig deren Gebrauch und die Besonderheiten erläutern sowie anschließend durch den Vergleich von Spielfiguren aus unserem Kulturkreis mit indianischen Kachina-Figuren auf Besonderheiten, Gemeinsamkeiten und Unterschiede der einzelnen Figuren aufmerksam werden.

Begründung des Themas und Intention

Puppen und Spielfiguren betreffen alle Kinder, sind für sie Identifikationsobjekte und erfüllen als solche eine wichtige psychologische Funktion für die Heranwachsenden. Sei es beim Spiel mit der Babypuppe, bei dem sich das Kind mit der fürsorglichen Mutter identifiziert, oder im Umgang mit der Actionfigur, die Abenteuer besteht, denen es sich selbst nicht gewachsen fühlen würde. In dieser Stunde sollen die Kinder sich untereinander über ihre mitgebrachten Puppen, Stofftiere und Figuren austauschen. Dieser Austausch lenkt die Wahrnehmung der Kinder auf ihre Puppen und stellt somit schon eine wichtige Voraussetzung für den zweiten Teil der Stunde dar, in dem die Kinder Kachina-Puppen der Puebloindianer kennenlernen und diese mit eigenen Puppen und Spielfiguren vergleichen.

Zum Hintergrund

Kachina-Figuren entstammen der Mythenwelt der Pueblovölker, die im Südwesten Nordamerikas leben. Kachinas sind die Ahnengeister der Hopi-, Zuni- und Rio-Grande-Pueblo-Völker (wahrscheinlich stammt das Wort von kachi = Geist, na = Vater). Verschiede-

nen indianischen Überlieferungen zufolge lebten die Kachinas einst mit den Menschen zusammen, wurden dann aber von ihnen verlassen. Kachinas sind nicht nur menschliche, sondern auch Tier- und Pflanzenwesen, sogar Steine und Sterne. Die Kachinas haben verschiedene Aufgaben: Sie sind nicht nur Verkörperungen der Natur und Jahreszeiten, sondern auch Schutzgeister, die den Menschen helfen und sie beschützen. Darüber hinaus gibt es noch strafende Kachinas oder auch Clown-Kachinas, die die Menschen unterhalten. Insgesamt sind etwa 300 verschiedene Kachinas bekannt.

Mit der Wintersonnenwendfeier im Dezember begann bei den Pueblostämmen ein Zyklus verschiedener Kachinatänze. Bei diesen Tänzen stellten mehrere Männer und eine Frau mit Kachina-Masken die verschiedenen Ahnengeister dar. Dem Glauben der Pueblos nach wurden die Tänzer durch bestimmte zeremonielle Regeln vom Geist der jeweiligen Kachinas durchdrungen und wurden anschließend zu diesen Geistern selbst.

Die Kachina-*Puppen* dienten ursprünglich als Anschauungsmaterial für die Kinder der Pueblos, mit denen sie die verschiedenen Geister unterscheiden und deren Funktionen lernen sollten. Jedes Kind schlüpfte im Erwachsenenalter bei den Tänzen in die Rolle seines Kachinas. Heute werden Kachina-Figuren vor allem für den Verkauf an Touristen und Sammler hergestellt.

Abbildungen von Kachina-Figuren sind für Kinder sehr ansprechend und anregend. Durch ihr ungewöhnliches Aussehen stören sie die Sehgewohnheiten und das Bild, das die Kinder von Puppen und Spielfiguren aus ihrem eigenen Kulturkreis haben. Dennoch weisen viele Kachinas, die wie Fabel- oder Fantasiewesen aussehen, auch gewisse Ähnlichkeiten mit Wesen aus dem Fernsehen oder aus Computerspielen auf (z. B. Pokémon- und Dragonball-Figuren, Batman, Spiderman, Roboter, Yu-Gi-Oh-Figuren u. a.). Aus diesem Grund können diese Puppen bei aller Andersartigkeit auch Gemeinsamkeiten mit Erzeugnissen unserer Kultur veranschaulichen.

Aufbau der Stunde

Einstiegsphase

Vor der Stunde werden die Kinder aufgefordert, ihr Lieblingsstofftier, ihre Lieblingspuppe oder -figur mit in die Schule zu bringen. Während der Stunde haben die Kinder genug Zeit, im Klassenraum herumzugehen und sich die Puppen und Spielfiguren der anderen Kinder anzusehen, damit zu spielen bzw. den anderen Kindern ihre Puppe, Figur oder ihr Stofftier vorzustellen. Danach können einzelne Kinder im Sitzkreis ihre Puppen allen anderen vorstellen oder erzählen, was ihnen daran besonders gefallen hat.

Erarbeitungsphase

Im zweiten Teil der (Doppel-)Stunde teilt die Lehrerin/der Lehrer zunächst die Abbildung einer indianischen Kachina-Figur (s. S. 71) an die Kinder aus oder zeigt sie auf dem Overheadprojektor auf einer Folie. Die Kinder sollen sie nun erst einmal mündlich beschreiben. Eventuell kann sie/er schon einige Hintergrundinformationen zur Kachina-Figur geben (s. o.) und erste Gemeinsamkeiten bzw. Unterschiede zu den mitgebrachten Spielfiguren äußern oder aufschreiben lassen.

Durchführungsphase

Anschließend bearbeiten die Kinder in Einzel- oder Partnerarbeit das Arbeitsblatt (s. S. 72). Beobachtungen der Kinder können eventuell noch auf ein zusätzliches separates Blatt geschrieben werden. Die Lehrerin/der Lehrer kann bei Bedarf individuelle Anregungen geben (z. B. „Schau dir mal die Augen der Kachina-Figur und des Roboters an" usw.).

Auswertungsphase

Die Ergebnisse werden vorgestellt, indem die Kinder ihre Arbeitsblätter an die Tafel, eine Wand oder Pinnwand heften, einige Kinder den anderen von ihren Entdeckungen mündlich berichten und Auffälligkeiten anhand der Abbildungen aufzeigen.

Eine Kachina-Figur

Ahöla, Kachina-Figur aus Pappelholz, der Hopi-Indianer, Arizona um 1900
(Ahöla ist einer der Mong- oder Hauptkachinas)

Arbeitsblatt

Hier siehst du eine selbst gebaute Figur der Hopi-Indi-aner. Diese Indianer lebten früher in Nordamerika. So eine Figur nennt man Kachina-Figur.

Das ist ein Spielzeug-Roboter, der vor über 50 Jahren in Japan gebaut wurde.

Vergleiche die Kachina-Figur mit dem Roboter.
Schau dir genau den Kopf, das Gesicht und den Körper an.
Was ist ähnlich, was ist anders? Aus welchem Material sind die Figuren wohl?

_____

_____

_____

_____

6.2 Meine Puppe kann ... – Ausgehend von Kachina-Figuren eigene Puppen in Stationsarbeit herstellen

Material

Abbildungen von Kachina-Figuren als Folie (s. S. 75), Overheadprojektor, Stationskarten, Alltagsmaterialien (z. B. Toilettenpapierrollen, Obstnetze, Bierdeckel, Korken, Stoffreste, Knöpfe, Schaschlik-Stäbe, leere Verpackungen, Styroporreste, Bindfaden usw.), Styroporkugeln, Abtönfarben oder Wasserfarben und Pinsel, Filz- und Buntstifte, Kreiden, Klebestifte oder Flüssigkleber, Klebepistole(n), evtl. Cutter, Scheren, Nadeln und Faden u. v. m.

Ziel der Stunde

Die Kinder sollen die Kachina-Figur der Puebloindianer als Anlass nehmen, eine individuelle eigene „Kachina-Figur" aus Alltagsmaterialien herzustellen.

Aufbau der Stunde

Einstiegsphase

Die Kinder sollen die Erfahrungen mit ihren eigenen Puppen oder Spielfiguren und den Abbildungen der Kachina-Figuren der letzten Stunde im Gespräch zunächst mündlich zusammentragen. Daran anknüpfend werden zwei weitere Abbildungen von Kachina-Figuren gemeinsam betrachtet (s. S. 75).

Erarbeitungsphase

Die Kachinas auf der Folie haben alle bestimmte Fähigkeiten und Merkmale, die man ihnen ansehen kann (z. B. der Adler-Kachina, der fliegen kann, s. S. 75). Diese Fähigkeiten sollten von den Kindern anhand der Abbildungen erarbeitet werden. Impulse wie „Diese Kachina-Figur heißt Kälte-Frau" können hilfreich sein (die Kälte-Frau ist ganz in Weiß gekleidet, hat trockenes Gras in der Hand und verdeutlicht so den Schnee und die schlafende Vegetation).
Anschließend überlegen die Kinder, wie sie eine Puppe herstellen können, die etwas Besonderes kann und wie man sie benennen könnte.

Durchführungsphase

Als „Grundfigur" erhalten alle Kinder eine auf einen Bierdeckel geklebte Toilettenpapierrolle als Gerüst für den Körper und eine Styroporkugel als Kopf (Kinder

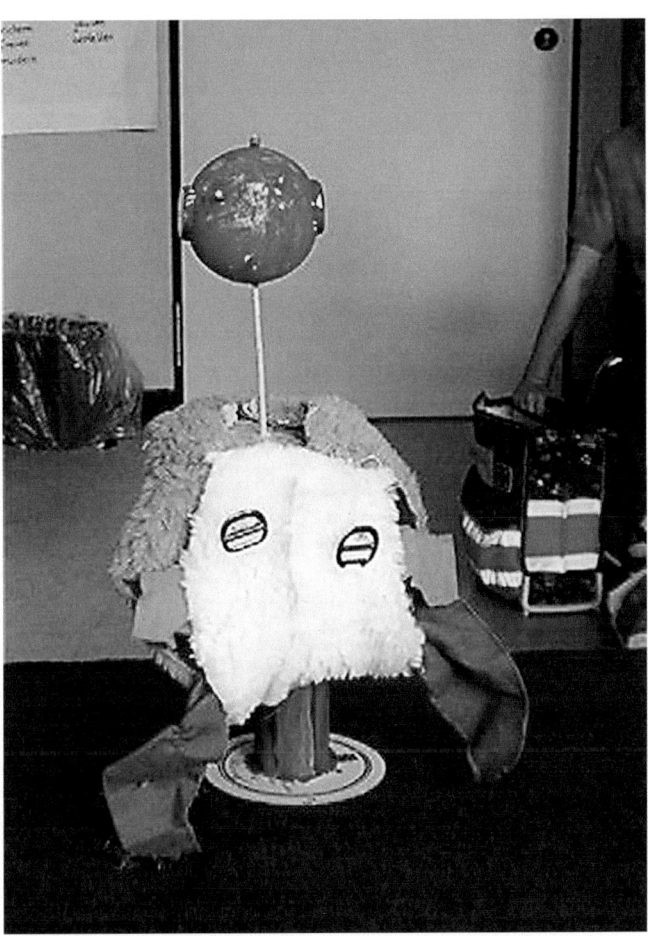

mit eigenen Ideen können natürlich ihre Puppen auch ohne diese Hilfsmittel bauen).
Der Schwerpunkt dieses Teils der Einheit liegt auf der ästhetischen Praxis und damit auf dem Arbeiten an den Stationen. So kann das praktische Arbeiten drei bis vier Doppelstunden andauern. Auf verschiedenen Tischen werden Stationen errichtet, an denen die Kinder ihre Puppen bearbeiten können.

Folgende Stationen richtet die Lehrerin/der Lehrer mit Material ein:
- **Mal-Station:** Kreiden, Bunt- und Filzstifte, Wasser- und Abtönfarben
- **Klebe-Station:** Klebestifte, Flüssigkleber, evtl. Leim und Heißklebepistole
- **Schneide-Station:** Scheren und evtl. Cutter
- **Material-Station:** Hier stehen alle möglichen Alltagsmaterialien, wie z. B. Bierdeckel, Korken, Styroporreste, leere Verpackungen usw., außerdem Stoffreste, Knöpfe, Schaschlik-Stäbe u. a.
- **„Idee-Station":** Hier können Kinder ihre eigenen Ideen verwirklichen, mit eigenen Materialien arbeiten, andere Techniken und Zugänge als an den anderen Stationen wählen (z. B. kleine Texte schreiben, mit Pappmaschee arbeiten, Skizzen anfertigen usw.), sich mit anderen austauschen ...

Die Stations-Karten (s. S. 76) werden vergrößert kopiert, ausgeschnitten, laminiert und an den Stationen aufgestellt.

Erfahrungsgemäß ist die Arbeit mit der Heißklebepistole (und evtl. dem Cutter) schon in der zweiten Klasse möglich. Allerdings sollte die Lehrperson die Arbeit an der „Heißklebe-Station" nur nach Anleitung und unter Aufsicht zulassen.

Die Kinder erarbeiten an den Stationen auf diese Weise sehr frei ihre eigenen Puppen.

Auswertungsphase

Im Sitzkreis sollen einzelne Kinder anhand des Aussehens der „Kachina-Figur" eines anderen Kindes Vermutungen darüber anstellen, was für eine besondere Fähigkeit diese Figur haben könnte. Diese Vermutungen sollen anhand der Gestaltungsmerkmale der jeweiligen Figur, also dem Aussehen (Form, Farbe ...) begründet werden.

Kwahu, Adler-Kachina

Yohozro Wuhti, Kälte bringende Frau

Station Malen

Station Schneiden

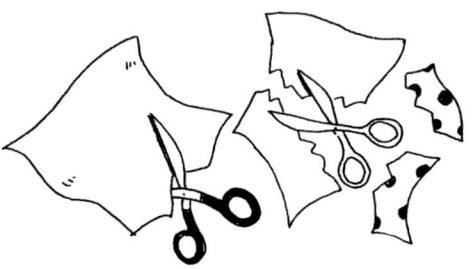

Station Kleben

Station Material

Station Idee

KOPIERVORLAGE

6.3 Die etwas andere Puppenausstellung – Eine Klassenausstellung zusammenstellen und die Gestaltungsergebnisse präsentieren

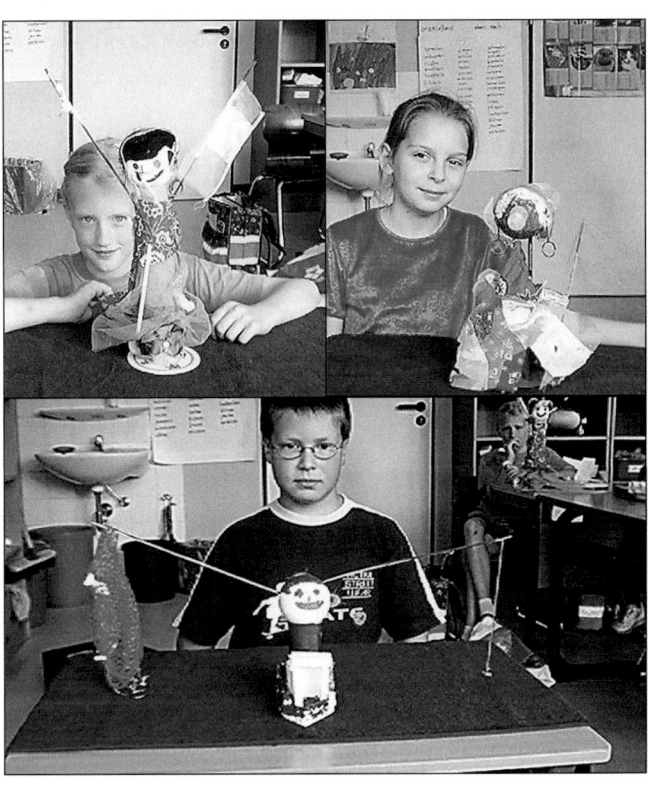

Material

„Kachina-Puppen" der Kinder, bearbeitete Arbeitsblätter aus der ersten Doppelstunde, evtl. Fotoapparat und Podeste, Namens- und Titelschilder, Ergebnisse aus vorangestellten Stunden

Ziel der Stunde

Die Kinder sollen eine Ausstellung gestalten und mit anderen Kindern spielerisch über die Ergebnisse der Unterrichtsreihe ins Gespräch kommen.

Begründung des Themas und Intention

Die Kinder sollen in dieser Stunde ungezwungen über die Ergebnisse der Einheit reden und vor allem die Besonderheiten ihrer selbst gebauten Kachina-Puppen herausstellen. Dies kann sehr gut in einer Klassenausstellung realisiert werden, in der die Figuren – analog zu einer echten Ausstellung – gut sichtbar und mit dem Namen des „Künstlers" und dem Titel der Figur versehen präsentiert werden. Dazu können die Kinder zusätzlich die Bilder der „echten" Kachina-Figuren und die Ergebnisse ihrer Arbeitsblätter auf einer „Bilderwand" (Tafel oder Stellwand) arrangieren, sodass abschließend noch einmal der Blick auf Gemeinsamkeiten und Unterschiede der einzelnen Figuren fällt. Möglich ist auch, dass ein „Reporterteam", bestehend aus einem Fotografen und einem Reporter, die Ausstellung bildlich und schriftlich dokumentiert und anschließend gemeinsam eine „Ausstellungszeitung" verfasst wird, sodass die Kinder auch hier spielerisch zu genauem Beobachten und zur anschließenden Verschriftlichung ihrer Beobachtungen angehalten sind (u. U. können auch Fotos der Arbeitsphase und der eigenen Puppen miteinbezogen werden). Hier ist zudem in den Ausstellungsgesprächen und beim Verfassen der Plakate bzw. der Zeitung fächerübergreifendes Arbeiten mit dem Deutschunterricht (mündlicher Sprachgebrauch und schriftlicher Sprachgebrauch) möglich.

Aufbau der Stunde

Aufgrund der freien organisatorischen und zeitlichen Planung, auch im Hinblick auf die Vorlieben der Kinder, entfällt für diese Stunde eine strikte Einteilung in Phasen. Vielmehr kann die Lehrerin/der Lehrer zusammen mit den Kindern einen individuellen Ablauf planen. Die folgende Darstellung fungiert also lediglich als Anregung für einem (möglichen) Ablauf.

Gemeinsam mit den Kindern wird (evtl. schon vor der Stunde) der Klassenraum für die kleine Ausstellung vorbereitet: Die Tische werden rundherum an die Raumwände gestellt, sodass die Kinder im Kreis gehen können, wenn sie die ausgestellten Puppen besichtigen. Die selbst gebauten Puppen werden aufgestellt (evtl. auf kleine Podeste wie z. B. Schuhkartons usw.) und mit den Namens- und Titelschildern versehen, aus denen auch die besondere Fähigkeit einer jeden Figur ersichtlich werden sollte. An Stellwänden oder an der Tafel werden die Bilder der indianischen Kachinas und die Arbeitsblätter aus der ersten Doppelstunde präsentiert, eventuell ergänzt durch Fotos der eigenen Spielfiguren und Stofftiere.

Am Tag der Ausstellung können die Kinder sich frei im Klassenraum bewegen, sich die Puppen anschauen so lange sie wollen und gemeinsam ins Gespräch kommen. Durch diese spielerische Art des „Ausstellungsgesprächs" wird bei den Kindern implizit der Blick für Gemeinsamkeiten und Unterschiede ihrer

Spielfiguren, der selbst gestalteten Figuren und der indianischen Kachinas geschärft.

Je nach Zeiteinteilung wäre auch eine Art „Ausstellungsrallye" denkbar, die die Wahrnehmung der Kinder zusätzlich auf Besonderheiten der ausgestellten Figuren lenkt. In so einer „Rallye" könnten die Kinder sich gegenseitig Aufgaben stellen (z. B. „Ich sehe eine Puppe, und die hat rote Haare. Wie heißt diese Puppe und was ist das Besondere an ihr?" oder „Suche die größte/kleinste Kachina-Puppe. Welche ist es?" usw.).

Literatur

ANTES, H. (HG.): Katsinam – Figuren der Pueblo-Indianer Nordamerikas aus der Studiensammlung Horst Antes, Katalog zur Ausstellung in der Völkerkundesammlung der Hansestadt Lübeck vom 22. 10. 2000–21. 10. 2001. Lübeck 2000

BOLZ, P./PEYER, B.: Indianische Kunst Nordamerikas. Köln 1987

FEEST, Ch. F. (HG.): Kulturen der nordamerikanischen Indianer. Köln 2000

HETMANN, F.: Indianer. Ravensburg 1999

STINGL, M.: Kunst der Indianer und Eskimos Nordamerikas. Leipzig 1990

PENNEY, D. W.: Kunst der Indianer Nordamerikas. Paris 1998

TOBERT, N. u. a.: Der große Bildatlas Indianer – Die Ureinwohner Nordamerikas, Geschichte, Kulturen, Völker und Stämme. Augsburg 1999

ZALFEN, M.: Indianerpuppen – zwischen Kult und Spiel. Weingarten 1995

7 Tüten – mehr als eine unscheinbare Verpackung

Thema und Intention

Kinder kennen Tüten aus dem täglichen Leben: Ob zur Aufbewahrung und zum Schutz von Lebensmitteln (z. B. Milch- und Safttüten, Zucker und Mehl in Papiertüten), vom Wochenendeinkauf mit den Eltern (Supermarkttüten, Obstbeutel ...), vom Trennen des Abfalls oder vom leidigen Heruntertragen des Müllbeutels. Für gewöhnlich schenken wir der Tüte aber keine oder nur geringe Beachtung.

Ziel der Unterrichtseinheit soll es sein, den Blick der Kinder auf dieses alltägliche (manchmal kunstvoll gestaltete) Produkt zu lenken. Dabei sollen die Kinder intuitiv erfahren, dass Tüten Teil ihrer gestalteten Umwelt sind. Spielerisch sollen sie an die Funktion von Tüten als Mittel zum Transport und zur Aufbewahrung, aber auch als Träger von Botschaften in Form von Schrift und Bild im Alltag und in der Kunst herangeführt werden, indem sie Tüten in verschiedenen Variationen kennenlernen, eine eigene Tüte gestalten und durch das enorme Vergrößern einer Getränketüte auch die Aufmerksamkeit der Mitschülerinnen und Mitschüler auf dieses wenig beachtete Massenprodukt lenken. In den Arbeitsphasen können die Kinder z. B. beim Gestalten ihrer eigenen Tüte mit verschiedenen Farben ihre Tüten spielerisch nach individuellen Vorstellungen bemalen und sie mit verschiedenen farbigen Materialien, wie Bildern aus Zeitschriften, Stoff- und Tapetenresten, verzieren. Beim Herstellen einer „Riesenmilchtüte" (s. u.) machen die Kinder zudem Materialerfahrungen mit Pappmaschee in ungewohnt großen Dimensionen.

Informationen zur Unterrichtsreihe

Ziel der Reihe	Die Kinder sollen die Funktionen von Tüten als Transport- bzw. Aufbewahrungsmittel sowie als Kommunikationsmittel kennenlernen und eigene Tüten in verschiedenen Techniken herstellen.
Aufbau der Reihe	• **Ein Transportmittel für Stifte** – Experimentell aus verschiedenen Materialien Transporttaschen für Stifte oder andere Gegenstände herstellen (Doppelstunde)
	• **„Sortiertüten" fürs Kinderzimmer** – Eine Aufbewahrungstüte gestalten (2 Doppelstunden)
	• **Die Riesenmilchtüte** – Die künstlerische Strategie des Vergrößerns anhand eines Kunstwerkes kennenlernen und beim Gestalten einer Riesenmilchtüte anwenden (3 Doppelstunden)

7.1 Ein Transportmittel für Stifte – Experimentell aus verschiedenen Materialien Transporttaschen für Stifte oder andere Gegenstände herstellen

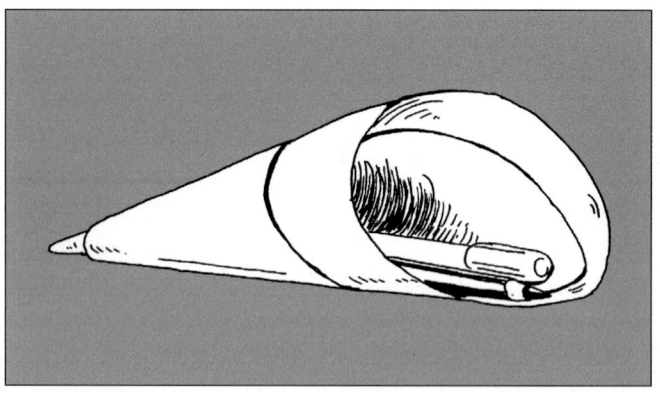

Material

Abbildung von Pieter Breughels „Die Kinderspiele" auf Folie (s. S. 81), Overheadprojektor, verschiedene zweidimensionale Materialien (z. B. Zeitungen, Papier, Tonpapier, Geschenkpapierreste, Tapetenreste, Tonkarton, Pappe)

Ziel der Stunde

Die Kinder sollen auf experimentelle Weise verschiedene Lösungsmöglichkeiten finden, aus zweidimensionalen Materialien und ohne weitere Hilfsmittel Transport- bzw. Aufbewahrungsbehältnisse zu kreieren.

Begründung des Themas

Über den experimentellen Umgang mit verschiedenen Materialien, wie z. B. Zeitungen, Papier, Pappe und den Versuch, daraus Behältnisse für ihre Stifte (mitgebrachten Steine …) zu konstruieren, lernen die Kinder spielerisch und intuitiv das Problem kennen, das zur Herstellung der ersten „Tüten" als Verpackung und Transportmittel geführt hat.

Aufbau der Stunde

Einstiegsphase

Die Lehrerin/der Lehrer kann direkt zu Beginn das anstehende „Experiment" ankündigen: Ohne zusätzliche Hilfsmittel und nur mit den vorhandenen Materialien sollen die Kinder Behälter konstruieren, die es ihnen erlauben, mehr von den gewählten Gegenständen zu transportieren als es mit den bloßen Händen möglich ist. Dabei ist alles erlaubt außer die Benutzung von Scheren, Klebstoff usw.

Erarbeitungsphase

Um eine erste Anregung zu geben, kann die Lehrerin/der Lehrer die Folie des Bildes „Die Kinderspiele" von Pieter Breughel d. Ä. aus dem Jahr 1560 zeigen (s. S. 81). Dieses Bild ist sehr interessant für die Schülerinnen und Schüler, da darauf abgebildet ist,

wie Kinder vor fast 500 Jahren gespielt haben. Es regt so zu einem Vergleich mit den heutigen Kinderspielen an. Um zu vermeiden, dass die Kinder bei der Betrachtung dieses „Wimmelbildes" zu sehr vom eigentlichen geplanten Vorhaben abweichen, ist es möglich, nur einen kleinen Ausschnitt des Bildes zu zeigen, auf dem u. a. das Kind zu sehen ist, das eine Spitztüte geformt und befüllt hat (rechts unten im Bild).

Falls die Lehrerin/der Lehrer einen größeren Bildausschnitt zeigt, kann sie/er die Schülerinnen und Schüler auffordern, das Kind auf dem Bildausschnitt zu suchen, das einen Behälter (eine Spitztüte) gebaut hat. Die  abgebildete Technik (das Kind hat einen Bogen Papier zu einer Spitztüte gerollt) kann als Anregung für die anschließende Arbeitsphase dienen.

Durchführungsphase

Die Kinder haben in dieser Arbeits- und Experimentierphase genügend Zeit, mit unterschiedlichen Materialien verschiedene „Transportbehälter" zu bauen. Dabei ist die Wahrscheinlichkeit nun ziemlich groß, dass Spitztüten entstehen, die durch einfaches Rollen von Papier zu bauen sind und deren Form den Kindern z. B. auch von ihrer Schultüte her bekannt ist.

Auswertungsphase

Anschließend stellen die Kinder ihre Lösungen vor, wobei auf Vor- und Nachteile der jeweiligen Form bzw. des jeweiligen Materials eingegangen wird.
Die Lehrerin/der Lehrer nutzt die selbst erworbenen Kenntnisse und Fähigkeiten der Kinder und stellt analog dazu die Vorgehensweise der Menschen aus der Urzeit vor, die ihre ersten Spitztüten aus Blättern ebenfalls ohne weitere Hilfsmittel angefertigt haben, um darin Nahrung zu transportieren oder aufzubewahren.

Pieter Breughel d. Ä.: Die Kinderspiele, 1560

7.2 „Sortiertüten" fürs Kinderzimmer – Eine Aufbewahrungstüte gestalten

Material

Schmucklose Tüte aus Plastik oder Papier, eine Papiertüte für jedes Kind (kostenlos erhältlich für den Einkauf in manchen Supermärkten oder zu kaufen in Großmärkten für den Einzelhandel), Stationskarten (s. S. 76), Dienstkärtchen (s. S. 85), Abtönfarben, Pinsel, Kreiden, Scheren, Stoffe, Zeitschriften, Tapeten- und Geschenkpapierreste, Klebestifte, evtl. Heißkleber und andere Gestaltungsmaterialien (z. B. Bierdeckel, Kronkorken, Knöpfe usw.)

Ziel der Stunde

Die Kinder sollen besonders gestaltete Tüten kennenlernen. In zwei bis drei Doppelstunden sollen die Kinder eine Papiertüte als Aufbewahrungs- und Transporttüte für einen oder mehrere Gegenstände gestalten, die sie besonders mögen. Die Gestaltung der Tüte soll verraten, was darin transportiert wird.

Begründung des Themas und Intention

Durch die Betrachtung von narrativ gestalteten Tüten soll die Wahrnehmung der Kinder auf besondere, der alltäglichen Vorstellung von Plastiktüten als Wegwerfartikel widersprechende Formen von Tüten gelenkt werden. Gleichzeitig sollen die Kinder intuitiv erfahren, dass Tüten als Träger von Bild und Schrift etwas mitteilen.

In der praktischen Arbeit sollen die Kinder Tüten herstellen, die durch ihre Gestaltung auf das Besondere (Lieblingsdinge aus dem Kinderzimmer) und ihren Inhalt verweisen.

Aufbau der Stunde

Einstiegsphase

Als möglicher Einstieg kann eine zerknüllte einfarbige und schmucklose Plastiktüte oder ein Müllbeutel dienen, der im Klassenraum liegt. Fragen wie „Wozu verwendet man so eine Tüte?" und „Was macht ihr mit so einer Tüte, nachdem ihr sie benutzt habt?" können dazu führen, dass der banale Alltagscharakter der Tüten in den Blick gerät.

Erarbeitungsphase

Anschließend kann die Lehrerin/der Lehrer eigene kunstvoll gestaltete Tüten (aus Kleider-Boutiquen oder als Geschenk-Verpackungen in Geschäften für Billigartikel usw.) oder Abbildungen von Tüten zeigen, die diesem banalen Charakter widersprechen. Tüten können auch etwas ganz Besonderes sein: Sie können als Bilder Geschichten erzählen, sie können durch ihre Form und durch das darauf Abgebildete Rückschlüsse darauf zulassen, was in ihnen enthalten ist. Sie können sogar wie echte Kunstwerke von Künstlern gestaltet sein und als Tragetaschen für Kunstwerke des gleichen Künstlers dienen (z. B. die Keith-Haring-Tüte aus dem „Pop-Shop" des Künstlers).

Tüten, die durch ihre Gestaltung zu etwas Besonderem werden, enthalten manchmal natürlich auch etwas ganz Besonderes. Hieraus kann im Gespräch eine mögliche Aufgabenstellung erwachsen, eine besondere Tüte für einen (oder mehrere) besondere(n) Gegenstand (oder Gegenstände) aus dem Kinderzimmer zu gestalten. Die Kinder sollen überlegen, wie die Tüte für die Lieblingsdinge aussehen soll und woran man erkennen kann, was sich in der Tüte befindet.

Durchführungsphase

Jedes Kind erhält eine Papiertüte (es ist auch möglich, selbst durch Falten und Kleben Tüten herzustellen). Die Gestaltung der Tüten erfolgt an Stationen. Die Anzahl der Stationen kann, je nach Lernstand der Kinder in der Klasse, variieren. Möglich sind beispielsweise eine Mal-Station mit Abtönfarben und Kreiden, eine Schneide-Station mit Scheren und Zeitschriften, Tapeten- und Geschenkpapierresten und eine Klebe-Station, an der ausgeschnittene oder mitgebrachte Bilder oder andere Materialien (Bierdeckel, Kronkorken usw.) aufgeklebt werden (Stations-Karten zum Laminieren und Aufstellen, s. S. 76). Die Arbeitszeit an den Stationen ist ebenfalls variabel und hängt von der Anzahl der Stationen ab. Auch das Thematisieren und anschließende Anbringen von Tragegurten verschiedenster Art (aus Papier, Stoff, als Kordel …) ist möglich. Dieses Thema eignet sich hervorragend, um die Arbeit an Stationen einzuführen. Um die Selbstständigkeit und das Verantwortungsbewusstsein der Kin-

der bei diesem freien Arbeiten zu fördern und zu fordern, können z. B. Dienstkärtchen (s. S. 85) für bestimmte Aufräumtätigkeiten verteilt werden. Die Kinder, die so ein Kärtchen erhalten, heften es an ihre Kleidung und sind dann für die Erledigung der darauf beschriebenen Aufgabe zuständig. Parallel zur Arbeit während der Kunststunden sammeln die Kinder alle Tüten, die sie bekommen können und bringen diese mit in die Schule. Diese dienen als Erzählanlass zu Beginn einer Stunde und schärfen die Wahrnehmung im Hinblick auf das Thema.

Auswertungsphase

Die Kinder können im Sitzkreis ihre Tüten und die Dinge, die in diese Tüten kommen, ungeordnet ausbreiten. Jeweils ein Kind versucht, einer Tüte einen dazugehörigen Gegenstand zuzuordnen und seine Wahl zu begründen. Ebenso ist es möglich, die Kinder raten zu lassen, was in die jeweilige Tüte gehört, für den Fall, dass die Kinder die passenden Gegenstände nicht mit in die Schule gebracht haben.

Fachhochschule Stuttgart, Hochschule für Druck und Medien, 1999

Dienstkärtchen

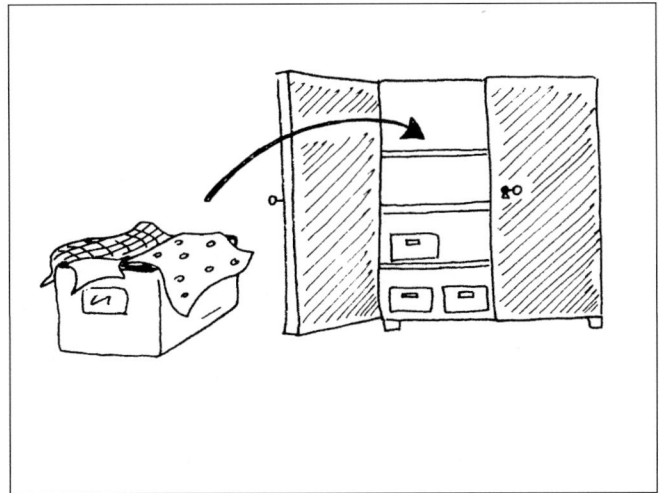

Materialkisten wegräumen

Pinsel auswaschen und wegräumen

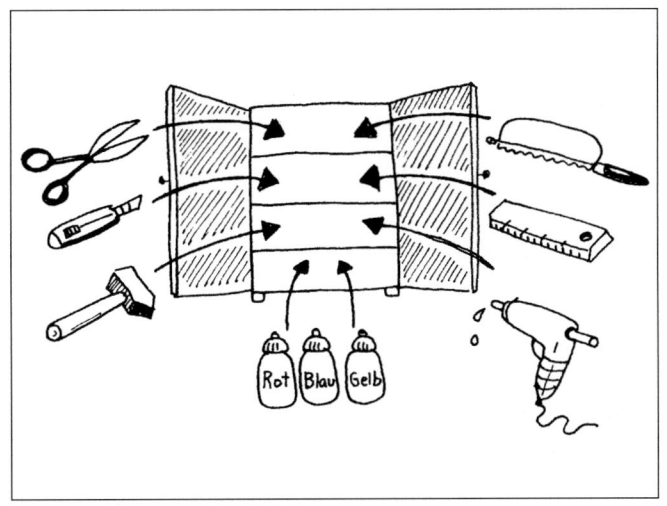

Werkzeug und Farben in die Schränke räumen

Tische säubern und Stühle hochstellen

Raum fegen

7.3 Die Riesenmilchtüte – Die künstlerische Strategie des Vergrößerns anhand eines Kunstwerkes kennenlernen und beim Gestalten einer Riesenmilchtüte anwenden

Material

Leere Getränketüten und Tuben, Abbildung von Claes Oldenburgs und Coosje van Bruggens Riesen-Tube auf Folie (s. S. 88), Overheadprojektor, mehrere gleich große Kartons, Klebeband, Zeitungen und Kleister (für Pappmaschee), Abtönfarben, Pinsel

Ziel der Stunde

Die Kinder sollen spielerisch die künstlerische Strategie des Vergrößerns kennenlernen, indem sie in Gemeinschaftsarbeit eine kleine Milch- oder Safttüte enorm vergrößert darstellen.

Begründung des Themas und Intention

Wie Tüten dienen auch Getränkepackungen dem Transport und der Aufbewahrung von Waren, in diesem Fall von Lebensmitteln. Anders als bei Plastiktüten sind hier bereits bestimmte Mengen an Waren abgepackt, und die Verpackung steht in sehr enger Beziehung zum darin enthaltenen Artikel, d. h. Bilder und Schrift auf der Packung verweisen eindeutig auf das darin Enthaltene.

Für Kinder ist der Gebrauch von Getränketüten alltäglich. Auch diesen Verpackungen wird nicht viel Aufmerksamkeit geschenkt: Ist die Tüte leer, fliegt sie in den gelben Sack oder die gelbe Tonne.

In diesen Stunden sollen die Kinder spielerisch erfahren, wie man eine sonst so unscheinbare und wenig beachtete Getränketüte zu etwas Besonderem, viel Beachtetem machen kann. Sie lernen Claes Oldenburg und Coosje van Bruggen kennen, die durch enorme Vergrößerung ebenso unscheinbaren Dingen, wie z. B. einer Zahnpastatube, zu Aufmerksamkeit verhelfen.

Im gemeinsamen Arbeiten erfahren die Kinder, wie man buchstäblich Großes in der Gruppe vollbringen kann und machen bei der Arbeit mit Pappmaschee an der Riesenskulptur Materialerfahrungen in ganz neuen Dimensionen.

Aufbau der Stunde

Einstiegsphase

Die Lehrerin/der Lehrer bringt verschiedene leere Getränketüten und Zahnpastatuben mit. Die Kinder stellen anhand der Bilder und Schrift fest, was der Inhalt dieser Verpackungen gewesen ist. Auch hier könnte eine Frage lauten, was mit den Packungen passiert, wenn sie leer sind oder was man macht, wenn so eine leere Packung auf der Straße liegt.

Erarbeitungsphase

Anschließend wird die Abbildung der großen Tube gezeigt (s. S. 88). Die Kinder erarbeiten im Kreisgespräch, dass eine Tube in diesen Dimensionen viel mehr Beachtung findet als eine normal große leere Zahnpastatube, die auf der Straße liegt.

Die daran anknüpfende Ankündigung des Vorhabens kann als motivierendes und spielerisches Experiment formuliert werden: Es soll eine Riesenmilchtüte gebaut werden, die später, wenn sie fertig ist, auf dem Schulhof stehen soll. Vom Fenster aus können die Kinder dann beobachten, wie die anderen reagieren

und ob sie an dieser Milchtütenskulptur vorbeigehen wie an einer normalen Milchtüte.

Durchführungsphase

Die Arbeitsphase zieht sich über mehrere Doppelstunden hin. Die Lehrerin/der Lehrer stellt die Kartons bereit, von denen mehrere übereinandergestapelt und mit Klebeband aneinander befestigt werden. Empfehlenswert für das „Einkleistern" der Tüte mit Pappmaschee ist das Arbeiten in einem großen Raum, der mit Anstreicherplane ausgelegt ist, oder das Arbeiten im Freien. Gemeinsam bearbeiten mehrere Kinder eine „Tüte", bis sie vollständig mit Pappmaschee bedeckt ist. Nach dem Trocknen werden die Tüten mit Abtönfarben grundiert. Anschließend können verschiedene Motive und Schriftzüge (je nach Art der Getränkeverpackung) aufgetragen werden. Baut man eine sehr große Tüte, z. B. aus mehreren gestapelten Computermonitor-Kartons, kommt man schnell auf eine sehr große Höhe von etwa zwei Metern. Die Arbeit dauert dann entsprechend lang, eignet sich aber dann für die Durchführung mit mehreren Klassen unterschiedlicher Jahrgänge.

Auswertungsphase

Anstatt einer Reflexionsphase kann das Ende der Einheit das angekündigte Aufstellen der Getränketüte(n) auf dem Schulhof oder im Flur der Schule und das heimliche Beobachten der Reaktionen bilden. Auf diese Weise erleben die Kinder hautnah, wie die Strategie des Vergrößerns die gewohnte Wahrnehmung irritieren kann. Die Getränketüte(n) kann (können) als Riesenskulptur(en) aufgestellt werden. Je nach Größe machen sich die Tüten auch als Litfaßsäulen gut: Daran können, wie an ein Schwarzes Brett, immer die neuesten Veranstaltungstermine und Mitteilungen geheftet werden.

Literatur

GERBER, S. (HG.): Kunst.Stoff.Tüten, Plastic bags, Katalog zur Ausstellung in der Galerie Schloss Gaildorf 2002. Ostfildern-Ruit 2002

KUNSTFORUM international Bd. 168: Müllkunst. Ruppichteroth 2004

P. I. E. books (HG.): Shopping bag graphics, P. I. E. books. Tokyo/Düsseldorf 1996

SCHMIDT-BACHEM, H.: Tüten, Beutel, Tragetaschen – Zur Geschichte der Papier, Pappe und Folien verarbeitenden Industrie in Deutschland. Münster 2001

WEINER, S./ MICHELMAN, F.: Shopping bag secrets. London 1998

Internetadresse

● www.kultura-extra.de/extra/feuil/plastiktueten.html

Claes Oldenburg und Coosje van Bruggen: Auf ihren Inhalt gestützte Tube, 1985

8 Blütenträume

Thema und Intention

Durch Exkursionen unmittelbar im Schulgelände und die Erkundung der näheren außerschulischen Umgebung werden zunächst reale Möglichkeiten aufgegriffen, die die Kinder animieren, ihre Neugier wecken und ihnen künstlerische Inspiration vermitteln.

Zudem erweitern die Kinder ihre Kompetenzen bei der Rezeption und Auseinandersetzung mit zeitgenössischer Kunst. Dabei lernen die Kinder alternative Darstellungsformen von Blumen kennen. Sie erproben spielerisch Übergänge von der zweidimensionalen in die räumlich-plastische Darstellung. So begreifen sie typische Formen, denn trotz der großen Vielfalt der Naturerscheinungen – die nicht allen Kindern selbstverständlich zugänglich sind – weisen alle bestimmte Gemeinsamkeiten auf. Dies wird umso deutlicher, je mehr eine vereinfachte klare Darstellung von Form und Farbe erarbeitet wird.

Das Betrachten und Sammeln von Blumen und Pflanzen ist (noch) ein Teil von Alltagskultur. Die Sammelleidenschaft, die bei fast allen Kindern festzustellen ist, wird aufgegriffen und auf konkrete Naturobjekte und fachbedeutsame Lernorte (Spielplätze, Markt, Kunst im öffentlichen Raum) bezogen. Dieses sind elementare Grundlagen für das weiterführende Lernen, an die der Kunstunterricht anknüpft. Abhängig

von der Wohnsituation und den individuellen Lebensgewohnheiten sind die Vorerfahrungen der Kinder sicher sehr unterschiedlich. Umso wichtiger sind deshalb die genaue Analyse der Lernausgangslage und die Planung der vorbereitenden Schritte.

Informationen zur Unterrichtsreihe

Ziel der Reihe	Ausgehend von konkreten Erfahrungen mit unterschiedlichen Blumen und angeregt durch zeitgenössische Kunstwerke sollen die Kinder mit verschiedenen Werkstoffen haptisch erfahrbare/reliefartige Blütendarstellungen entwickeln.
Aufbau der Reihe	• **Blüten sammeln** – Exkursion in die nähere Schulumgebung und Dokumentation der Blütenvielfalt (1 bis 2 Vormittage)
	• **Blumen-Presse(n)** – Sich mit Drucken von Andy Warhol beschäftigen und verschiedene Drucktechniken ausprobieren (3 Doppelstunden)
	• **Blüten formen** – Verschiedene Gipstechniken kennenlernen (Doppelstunde *ohne Installation*)
	Raumblüten – Gussformen zu Blüten anordnen (Doppelstunde)
	Fühlblumen – Blütenreliefs durch Ausgießen einer Negativform herstellen (Doppelstunde *ohne Bemalung*)
	Blumeninseln – Positivreliefs aus Gipsbinden herstellen (Doppelstunde *ohne Bemalung*)
	• **Blüten-Teppiche** – Filzbilder herstellen und zu einem Gemeinschaftswerk zusammenfügen (Doppelstunde *ohne Zusammenfügung*)

8.1 Blüten sammeln – Exkursion in die nähere Schulumgebung und Dokumentation der Blütenvielfalt

Material

Mitgebrachte Abbildungen und Nachahmungen von Blumen und Blüten, Packliste und Verhaltensregeln (s. S. 92), Bleistifte, Buntstifte, Kreiden, Anspitzer, Radiergummi, Papier, Blocks oder Klemmbretter, ersatzweise Pappen mit Wäscheklammern, Haarspray zum Fixieren, (Becher-)Lupen, Fotoapparat/Digital-, Sofortbildkamera, Plastiktüten zum Sammeln, Verpflegung, passende Kleidung

Ziel der Stunde

Anknüpfend an die unterschiedlichen Vorerfahrungen sollen die Kinder verschiedene Blumenansammlungen (Wild-, Zier-, Kulturpflanzen) der näheren Umgebung (Schulhof, Park, Markt) erkunden und ihre Eindrücke zeichnerisch und fotografisch festhalten.

Begründung des Themas und Intention

Zur Vorbereitung der praktischen Arbeit werden zunächst Unterrichtsgänge in die nähere Umgebung durchgeführt. Das Verlassen des vertrauten Umfelds, eine veränderte Arbeitsweise und Zeitstruktur sowie die Originalbegegnung haben hohen Aufforderungscharakter. Das Interesse an Naturphänomenen und die Sammelleidenschaft – (noch) ein Teil der Alltagskultur von Kindern – werden aufgegriffen und auf konkrete Objekte sowie bedeutsame Lernorte im öffentlichen Raum gelenkt. Dieses sind elementare Grundlagen, an die der Kunstunterricht später anknüpft. Reale sinnliche Erfahrungen, das Sehen, Riechen, Fühlen und eventuelle Schmecken spielen dabei eine entscheidende Rolle. Durch die „Expedition" lernen die Kinder eigenaktiv, handlungsorientiert und lustvoll Farben sowie Formen bewusst wahrzunehmen und zu dokumentieren. Sie vergleichen, sortieren, fotografieren, protokollieren, tauschen sich aus und präsentieren anschließend ihre Ergebnisse zu Formvielfalt und Farbvarianten von Blumen in altersadäquater Art und Weise.
Fächerübergreifend kann man zum Thema auch im Sach- und Deutschunterricht arbeiten oder eine Lernwerkstatt bzw. ein Schulprojekt organisieren.

Aufbau der Stunde

Einstiegsphase

Zur Einstimmung auf das Thema sollten die Kinder für eine größere Sammlung im Klassenraum schon einige Zeit vorher aufgefordert werden, Abbildungen und Nachbildungen von Blumen und Blüten mitzubringen. Immer wieder berichten die Kinder zwischendurch von Vorerfahrungen und kleinen Erlebnissen. Abhängig von der Wohnsituation und den individuellen Lebensgewohnheiten sind diese sehr unterschiedlich. Umso wichtiger ist die genaue Analyse der Lernausgangslage und die Planung der vorbereitenden Schritte.

Erarbeitungsphase

Die Idee der Exkursion „um Blumen 'mal in echt anzugucken" – wie ein Schüler es ausdrückte – und im Bild festzuhalten, wird rechtzeitig gemeinsam in der Lerngruppe besprochen. Dabei entstehen eine Liste mit allen Dingen, die die Kinder mitnehmen sollen (s. S. 92), und ein kleiner Katalog mit Verhaltensregeln zur Aufsicht und zum pfleglichen Umgang mit Pflanzen. Die organisatorischen Dinge wie Gruppeneinteilung, Materialtransport, Verpflegung usw. werden am besten auch schon geklärt.
Es ist sehr günstig, wenn man Erwachsene als Begleitung mitnimmt, damit kleine überschaubare Gruppen eingeteilt werden können und u. a. die Hilfestellung beim Fotografieren gewährleistet ist.

Durchführungsphase

Die konkreten Beobachtungshinweise und vorstrukturierten Arbeitsaufträge erhalten die Kinder direkt vor Ort, nachdem sie erst einmal Zeit hatten, selbst die Umgebung multisensorisch zu erkunden. Ängstliche Kinder erhalten dadurch Hilfestellung, dass sie zu zweit arbeiten können. Die Erwachsenen unterstützen das Fotografieren. Vorteilhaft ist der Einsatz einer Digitalkamera, weil die Kinder dann sofort ein Ergebnis sehen können. Die Handhabung muss vorher allerdings geübt werden.
Beim Besuch des Botanischen Gartens (alternativ: Park, Spielplatz Schrebergarten, Waldrand, Wiese) und beim Spaziergang über den Wochenmarkt (oder Blumengeschäft, Gärtnerei) mit vielen Blumenständen werden kleine Pausen zum Betrachten eingelegt und besonders „schöne" Blumen fotografiert oder auch skizziert. Vielleicht erhalten die Kinder Blumen als Geschenk, die sie ganz stolz mit in die Schule nehmen können.

Auswertungsphase

Die Blumen und gesammelten Blüten werden in Vasen präsentiert oder auch gepresst und so konserviert. Nachdem die Kinder am nächsten Tag zunächst einmal von ihren spannenden Erlebnissen berichten können, werden die Skizzen ausgelegt, verglichen und einige in der Gruppe besprochen. Über die visuelle Wahrnehmung hinaus geht es um die genauere verbale Beschreibung. Spontan kommen Vorschläge zum Sortieren nach Farben oder Formen und die Zuordnung zu Bildern. Da die Fotos noch entwickelt werden müssen, kann das erst später erfolgen. Die Originalbegegnungen mit vielfältigen Sinneseindrücken und der Erlebnischarakter dieser Aktion sind wichtige Einstimmungen auf die nachfolgende eigene Umsetzung. Die Fotodokumentation wird später ergänzend in der Klasse präsentiert und bleibt ein Bezugspunkt bei der weiteren künstlerischen Beschäftigung.

Literatur

Grundschule Sachunterricht 19/2003, Seelze/Velber

Was packst du ein? Schreibe auf oder zeichne.

1. _____   2. _____

3. _____   4. _____

5. _____   6. _____

7. _____   8. _____

ACHTUNG! Das müssen alle beachten!

1. Ich muss bei meiner Gruppe bleiben.
2. Ich reiße keine Blumen aus.
3. Ich nehme nur Blüten von Blumen, die oft vorkommen.
4. Beim Fotografieren hilft mir ein Erwachsener.

8.2 Blumen-Presse(n) – Fantasieblumen drucken – Sich mit Drucken von Andy Warhol beschäftigen und verschiedene Drucktechniken ausprobieren

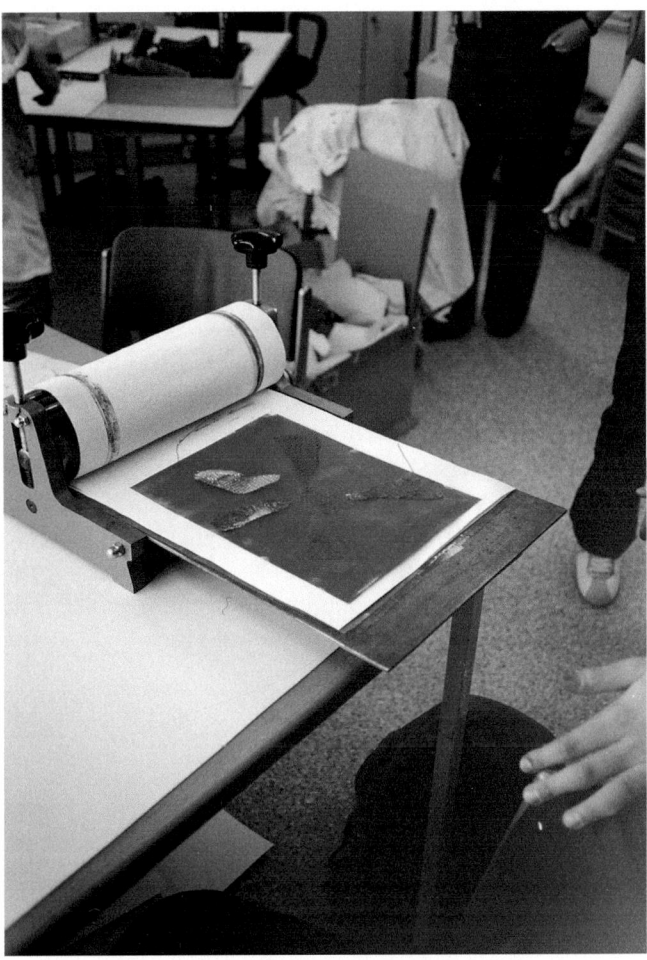

Material

Abbildung von Andy Warhols „Flowers" auf Folie (s. S. 96), Overheadprojektor, Blüten einfacher kleinblütiger (Sommer-)Blumen mit klar erkennbaren Formdetails (eventuell in Wasserschale und mit einem Tuch zunächst abgedeckt), gepresste Blumen oder Fotos der Kinder, Gartenkataloge, Stationskarten (darauf ist weiteres Material aufgeführt) (s. S. 97–99), Ölkreide, Papier

Ziel der Stunde

Die Kinder sollen aus vorgefundenen, taktil erfahrbaren Materialien Druckstöcke von Blütenformen erstellen und im Stationslauf eigene Abdruckvariationen erproben.

Begründung des Themas und Intention

Angeregt durch die Erlebnisse der Exkursion wird der Blick vom Gesamteindruck der ersten Stunden nun in variierter Form wieder auf die Welt im Kleinen gelenkt. Ein Schwerpunkt dieser Stunde liegt im Differenzieren, Erproben und Beurteilen von Bildzeichen zur Artikulation einer bestimmten Darstellungsabsicht, nämlich einer einfachen Blütenform. Die Kinder erfahren, dass man die Natur als Vorbild nehmen, Formen aufgreifen und daraus etwas Neues schaffen kann. Die kreative Umsetzung eigener Formvorstellungen ist eine Vorbereitung auf das in den nächsten Stunden thematisierte Phänomen der Draufsicht, die noch stärkere formale Abstraktion und die damit gekoppelten veränderten Sehweisen. Die Einsicht in die Möglichkeiten der Flächengestaltung, die Sensibilität für unterschiedlichste erfahrbare Strukturen und das individuelle Erproben von plakativen Farbwirkungen werden ebenso gefördert wie feinmotorische Fähigkeiten. Grundsätzlich üben das Drucken und alle druckgrafischen Zwischenverfahren einen besonderen Reiz auf Kinder aus. Allein schon die technischen Ausführungen beim Erstellen eines eigenen Druckstocks, der Druckvorgang selbst, der Werkzeuggebrauch, aber auch die Überraschungsmomente, z. B. das seitenverkehrte Ergebnis, faszinieren sie. Im Gegensatz zum Zeichnen und Malen handelt es sich dabei um ein indirektes Verfahren, d. h. von einem Druckstock (Stempel oder einer Druckplatte) wird auf einem Druckträger ein Abbild erzeugt, das wiederholbar ist. Diese Variante einer alten Kulturtechnik regt zu Experimenten und zum kreativen Variieren eines additiv oder synthetisch erstellten Druckmotivs an. Die vor dem eigentlichen Druckvorgang zu erledigenden Arbeitsschritte erfordern Umsicht, das Einhalten von Regeln und Absprachen, die sachgemäße Verwendung der Werkzeuge und die gegenseitige Unterstützung.

Um die jüngeren Kinder bei der technischen Umsetzung nicht zu frustrieren, ist zunächst das Kennenlernen einfacher Hochdruckverfahren sinnvoll sowie der Gebrauch von einfach zu benutzenden Stempeln und der Einsatz wasserlöslicher Farben.

Zum Künstler und seinem Werk

Als weitere Anregung eignet sich die durch Form und Farbgebung plakativ wirkende Blumen-Siebdruckserie „Flowers" von Andy Warhol (1928–1987) aus dem Jahr 1970. Sie besteht aus zehn identischen Blütenelementen, die sich nur durch die unterschiedliche Farbgebung unterscheiden. Als ein erster Vertreter der Pop-Art entwickelte der Künstler zu Beginn der 1960er Jahre seine typische Bildsprache. Analog zur leuchtend bunten Farbpalette der Werbung vergrößerte er Alltagsgegenstände zu seriellen Motiven und dadurch zu mehr oder weniger schablonenhaften Kunstwerken im Zeitalter der Reproduzierbarkeit.

Der Ausdrucksform und dem Umsetzungspotenzial von Kindern kommt diese Einfachheit und Eingängigkeit sehr entgegen. Das Aufgreifen der Darstellungsideen Warhols soll dabei kein Widerspruch zur Entwicklung individueller Ideen von Farbe und Form sein. Es ist vielmehr eine Möglichkeit, bestimmten Kindern Anregungen zu geben, aber gleichzeitig auch die Freiheit, über die reine Nachahmung hinauszugehen, zu variieren, zu kombinieren, zu verfremden.

Aufbau der Stunde

Einstiegsphase

Die Kinder sitzen im Stuhlkreis dicht um eine – zunächst noch abgedeckte – Schale mit verschiedenen Blüten, die sie bei der Exkursion gesammelt oder von zu Hause aus dem Garten mitgebracht haben. Wenn alle Kinder ruhig sind, wird vorsichtig das Tuch abgenommen. Die spontanen Kommentare (eigene Erlebnisse, Vorerfahrungen, Blumennamen, Farbgebung; erste Assoziationen zum Thema der Stunde) der Kinder werden gesammelt. Die differenzierte Betrachtung und der Austausch der bisherigen Erfahrungen und Kenntnisse sind Impulse für die spätere praktische Umsetzung. Denkbar ist ein Ratespiel: Meine Blüte ist weiß und zackig … oder die Zuordnung von Namenskärtchen mit echten oder selbst erfundenen Fantasienamen der Blüten.

Erarbeitungsphase

Durch gezielte Impulse werden die Kinder nach dem ersten Beschreiben ermuntert, ihren Blick genauer auf die Formen der verschiedenen kleinen Blüten zu richten: „Alle sind verschieden und alle sind auch gleich." Vorher nicht wahrgenommene Besonderheiten werden durch die intensive Betrachtung und Versprachlichung bewusst gemacht. Einige Kinder werden gebeten, ihre Erklärungen zu Blütenformen oder Umrissen mit Ölkreiden auf Papier oder an die Tafel zu zeichnen, eventuell auch aus Papier zu schneiden oder zu reißen. So erhält die ganze Gruppe Anregungen und Vorlagen für die anschließende eigene Formfindung.

Gleichzeitig wird noch einmal visualisiert, dass es eine Vielfalt von Formen, Größen und Ausdifferenzierungen gibt.

Danach wird per Bildfolie die Blumenserie von Andy Warhol gezeigt und den Kindern einige Zeit zum Betrachten gegeben. Unkommentiert werden ihre Äußerungen gesammelt und dann durch gezielte Impulse auch ein Vergleich mit den „Originalen" angeregt. Dabei wird schnell klar, dass es sich bei Warhol um das immer gleiche Motiv handelt, das wie auf dem Kopierer vervielfältigt wurde. Durch kontrastreiche Farbwahl und Untergrunddifferenzierung lassen sich aber dennoch Unterschiede ausgestalten.

Nachdem gemeinsam das Thema der Stunde – Blütenformen zu gestalten – geklärt wurde, sehen die Kinder die zuvor in Kisten gesammelten Materialien, ein Set von Farben, Werkzeugen und entwickeln Vorschläge zur technischen Umsetzung. Sie können sich kurz mit den verschiedenen Eigenschaften der Materialien vertraut machen. Dabei werden schon erste Ideen zur Umsetzung ausgetauscht und kurz demonstriert. Die Arbeitsaufträge für die verschiedenen Stationen werden anschließend geklärt oder über eindeutige Bildkarten von den Kindern selbst „erlesen".

Um anschließendes Chaos zu vermeiden, sollte die Lehrerin/der Lehrer bei einer Gruppe ohne Vorerfahrungen im Drucken unbedingt die genaue Reihenfolge des Vorgehens, das Auswalzen der Farbe, den Farbauftrag usw. exemplarisch zeigen. Die Hinweise zum Ablauf werden am besten anhand der kopierten Karteikarten für alle sichtbar gemacht. So wird auch eine möglichst selbstständige Orientierung während des Arbeitsprozesses unterstützt.

Empfehlenswert ist die Organisation verschiedener, deutlich gekennzeichneter Arbeitsbereiche in der Klasse oder an den Stationstischen: 1. Materialecke, 2. Platz zum Ausschneiden und Sammeln der Elemente (Schälchen); 3. Platz zum Einwalzen des Untergrunds (Druckstock) und der Einzelelemente (pro Farbe eine Walze und ein Brettchen) 4. Ablagemöglichkeiten für die fertigen Werke (z. B. vorher Schulflur mit Zeitungspapier auslegen). Wichtig ist der Hinweis, dass das Abdrucken mit der Druckpresse nur zusammen mit der Lehrerin/dem Lehrer erfolgt. Ist eine Klasse noch unerfahren, unruhig oder sehr groß, können andere Erwachsene frühzeitig als Helfer angesprochen und instruiert werden. Differenzierte Lerngruppen lassen sich dann leichter einteilen und eine individuelle Hilfestellung beim Schneiden, Einwalzen und Auflegen der Formen ist möglich. Je nach Anzahl der Stationen werden Kleingruppen gebildet und die Reihenfolge abgesprochen.

Durchführungsphase

Alle Tische werden vorher schon mit Zeitung abgedeckt: Das Werkzeug, die Arbeitskärtchen und die Materialien werden für die einzelnen Stationen verteilt, während alle Kinder ihre Malkittel anziehen. Das weitere Erkunden, Sichten, Erproben und die Umsetzung erfolgt an den meisten Stationen selbstständig. Das gegenseitige Helfen, Anregen, Rückmelden, Unterstützen geschieht automatisch im Prozess. Beim Drucken müssen die Farbwalzen je nach Ausstattung von mehreren Kindern gemeinsam benutzt werden. Auch Arbeitsteilung ist möglich: Ein Kind am Tisch walzt z. B. alle gelben Teile ein, nach einer Weile wird dann getauscht. Den eigentlichen Druckvorgang sollte jedes Kind beim eigenen Werk mitvollziehen. Um Wartezeiten zu vermeiden, wird an gegenseitiges Helfen erinnert oder ein zweiter Druckstock angefertigt. Auf das Ende der Stunde wird frühzeitig hingewiesen, da das Aufräumen Zeit in Anspruch nimmt. Es kann sich alternativ auch eine Gruppe von Kindern melden, die diesen Auftrag übernimmt.

Auswertungsphase

Alle Kinder versammeln sich vor den Ergebnissen der einzelnen Stationen zu einer kleinen Werkschau. Die Kinder stellen ihre verschiedenen Arbeiten vor und berichten von ihren Erfahrungen. Nachfragen zu einzelnen Bildern können gestellt werden. Analog zur Erarbeitung werden die vielfältigen Erscheinungsformen beschrieben und festgestellt, ob bei allen Unterschieden auch die typischen, verbindenden Merkmale erkennbar sind. Besonders interessant ist der Vergleich von haptisch erfahrbarem Druckstock und flächigem, seitenverkehrten Abbild. Beide zusammen können als Endprodukt präsentiert werden. Denkbar ist auch das Suchspiel: Ich sehe eine Blume … mit 6 Blättern, eins davon ist blau. Neben seriellen Arbeiten, die zu Gemeinschaftsarbeiten arrangiert werden können, gibt es auch Unikate. Zum Schluss sollen alle Kinder diesen Blumen einen passenden, witzigen Namen geben. Alle „Neu-Züchtungen" (analog zu Gartenkatalogen) werden dann mit diesen Titeln im Schulgebäude ausgestellt.

Literatur

WARHOL, A.: Blumen, Blumen, Blumen. Weingarten 1996

Andy Warhol: Flowers, 1970

Stationskarten (oder Plakat)

Materialdruck aus Einzelelementen   Station 1

Du brauchst:

Schere, Material zum Ausschneiden (Tapeten mit Prägemuster, Borten, Spitzen, Tüll, Kordstoff, Haushaltstücher, Schwammtücher, Wellpappe, Netze, Furnierholz, Alufolie, Fliegendraht, Jute, Blätter ...), Unterlage zum Auslegen der Formen, 3 Walzen, 3 Farben (Aqua-Linol), 3 Platten zum Auswalzen, Papier, 1 saubere Walze (Nudelholz, Druckpresse), Zeitungspapier, Malkittel

Aufgabe:

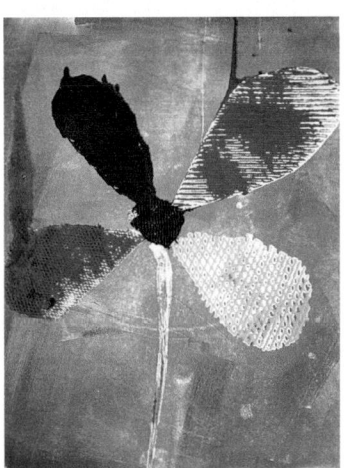

1. Schneide Blütenteile aus.
2. Lege sie aus, probiere verschiedene Möglichkeiten aus.
3. Walze den Untergrund ein.
   Achtung: Verwende nur wenig Farbe.
4. Walze Farbe auf die Einzelteile.
   Vorschlag: Verwende verschiedene Farben.
5. Lege die Einzelteile auf den eingefärbten Untergrund.
   Achtung: Die Farbe zeigt nach oben.
6. Lege ein Blatt darauf.
7. Rolle mit der sauberen Walze darüber.
8. Ziehe das Blatt vorsichtig ab.

Tipp: Du kannst dann die Teile anders anordnen und andere Farben nehmen.

Handschuhdruck   Station 2

Du brauchst:

Handschuhe mit aufgenähten Stoffstücken, flache Schalen mit Farben oder Platten zum Auswalzen der Farben, Schulmalfarben oder Aqua-Linol, verschiedene Papiersorten (Zeichen-, Ton-, Geschenk-, Transparent-, Pack-, Zeitungspapier), Malkittel

Aufgabe:

1. Lege ein Stück Papier bereit.
2. Ziehe den Handschuh an.
3. Tauche ihn vorsichtig in die Farbe.
4. Mache damit Abdrücke auf dem Papier.

Achtung: Wenn dein Bild trocken ist, kannst du mit einer anderen Farbe darüberdrucken.

Tipps: Probiere verschiedene Papiersorten.
Zeichne mit Stiften in deinem Bild weiter.

Moosgummistempel   Station 3

Du brauchst:

Moosgummi, Kuli, Schere, vorgefertigte Pappquadrate oder Holzstücke zum Aufkleben der Moosgummiblüten mit Griff aus angetackertem Rollladenband, Schulmalfarben oder Aqua-Linol, Walzen, Unterlagen zum Auswalzen der Farbe, verschiedene Papiersorten (Zeichen-, Ton-, Geschenk-, Transparent-, Pack-, Zeitungspapier), Malkittel, Schwarz-Weiß-Kopien der Warhol-Vorlage

Differenzierung: Pappschablone einer Blüten-form als Vorlage, nur mit dem Moosgummi-element drucken

Aufgabe:

1. Male auf Moosgummi eine Blüte auf.
   Achtung: Sie soll nicht zu klein sein.
2. Schneide sie aus.
3. Klebe sie auf den Stempel.
4. Walze Farbe aus.
5. Drücke die Stempel in die Farbe.
6. Drücke dann damit auf das Papier.

Tipp: Probiere andere Farben aus.

Schablonendruck   Station 4

Du brauchst:

Aqua-Linolfarben (z. B. Gelb, Rot, Blau), Walzen, Unterlagen zum Auswalzen der Farbe, verschiedene Papiersorten (Zeichen-, Ton-, Packpapier, Tapete) in größeren Formaten, Pappe, Malkittel, Schere

Alternative: Pappschablone einer Blütenform als Vorlage

Aufgabe:

1. Gib etwas leuchtende Farbe auf ein größeres Blatt.
2. Walze die Farbe aus.
3. Schneide aus festem Papier 3 oder 4 Blütenformen aus.
4. Lege sie auf das Blatt.
5. Walze dann mit einer dunklen Farbe über das ganze Blatt.
6. Ziehe deine Pappblüten vorsichtig ab.

Walzendruck

Station 5

Du brauchst:

Moosgummi, Schnüre/Wollreste, Schere, Pappröhre oder Nudelholz, Klebstoff, Aqua-Linolfarben, Walzen, Unterlagen zum Auswalzen der Farbe, Papiersorten (Zeichen-, Ton-, Packpapier, Tapete) in größeren Formaten, Pappe, Malkittel, Schere

Differenzierung: kleine Pappschablonen einer Blütenform als Vorlage

Aufgabe:

1. Schneide einige kleinere Blütenformen aus Moosgummi.
2. Wickle Schnur um eine Röhre und stecke die Blüten dazwischen.
   Achtung: Du kannst sie auch aufkleben und dann festbinden.
3. Walze die Farbe aus.
4. Rolle deine Röhre über die Farbe hin und her.
5. Rolle sie dann auf einem Stück Papier ab.

Tipps: Probiere eine andere Farbe aus.
Rolle nach dem Trocknen über dein erstes Bild.

Reservetechnik

Station 6

Du brauchst:

Schwarz-Weiß-Kopien, wasserfeste Kreiden (Wachsmalstifte, Buntstifte), aufgelöste Beize im Schraubglas oder Schulmalfarben, saugfähiges Papier, alte Zeitungen oder Folie, Pinsel, Malkittel

Aufgabe:

1. Male die Blüten mit den Wachsmalstiften farbig aus.
2. Lege die Blätter auf Zeitungspapier oder Folie.
3. Male mit der Beize und einem dicken Pinsel über die Blätter.

Tipp: Farbpfützen kannst du mit Papier abtupfen.

Achtung: Die Beize darf nicht in die Augen gelangen.

8.3 Blüten formen – Verschiedene Gipstechniken kennenlernen

Material

Gipsbecher, Gipspulver, Löffel/Spachtel, Plastiktüten, Hohlformen (Schalen, Schachteln, Schuhkartons usw.) zum Ausgießen, glatte/polierte Oberflächen aus Kunststoff, Metall, Stein, Abdeckung (Zeitungen, Folie), Müllsäcke, Pigmente oder fertige Farbe, Öl, Pinsel, Malkittel, Plakate: Gips anrühren, Hinweisschild für Ausguss, Wasserbehälter für die einzelnen Tischgruppen, Eimer mit Wasser (zum Auswaschen der Gipsschälchen, zum Säubern der Werkzeuge und Hände), Trockentücher, Arbeitsblätter (s. S. 104)

Ziel der Stunde

Die Kinder machen sich in überwiegend selbsttätiger Weise (lehrgangsmäßig) mit den besonderen Eigenschaften und der Verarbeitungsweise des Materials Gips vertraut und fertigen dabei sowohl geometrische als auch organische Gussformen an.
Die Gipsprodukte dieser Lehrgangs-Einheit werden anschließend zu stilisierten Blütenformen analog zu den Arbeiten von Christine Rokahr arrangiert (s. S. 108).

Begründung des Themas und Intention

Gips ist ein auch für jüngere Kinder gut geeignetes Material für plastisches Arbeiten, das sehr motivierend wirkt. Es spricht besonders die affektiven Bereiche an und kommt dem primärprozesshaften Bedürfnis der Kinder nach Matschen, zweckfreiem Formen und spielerischem Ausprobieren entgegen. Bei der Verwendung sind allerdings einige Dinge zu beachten. Im Sinne eines Lehrgangs, wie es auch der Lehrplan zum Kennenlernen von Material und Techniken anregt, sollen auch die besonderen Eigenschaften dieses Werkstoffs (z.B. Wärmebildung) experimentell erfahren werden. Bei dieser ersten Erprobung stehen zunächst der Prozess des Anrührens, Möglichkeiten der Farbgebung und die Gießtechniken im Vordergrund. Die Kinder arbeiten selbstständig als Team und orientieren sich dabei an Arbeitsanleitungen. Die verschiede-

nen Abgüsse und zufälligen Formen – scheinbare Abfallprodukte – werden aber später dem Thema dieser Einheit entsprechend weiterverwendet und in einen neuen Bedeutungszusammenhang gebracht. Das Einfärben, die Möglichkeiten des kontrollierten Zufalls vermitteln grundlegende Erkenntnisse und Erfahrungen für das eigene kreative künstlerische Schaffen.
Gips gehört wie Ton zu den Basismaterialien für plastisches Gestalten. Es ist ein preiswertes Material, das gute Verarbeitungsmöglichkeiten bietet und relativ problemlos Korrekturen erlaubt. Gips ist weiß, fest und relativ stabil. Er wird in Verbindung mit Wasser zu einer Masse, die gut gegossen bzw. modellierend Schicht um Schicht aufgetragen werden kann. In Gips getauchte Werkstoffe wie Papier oder Stoff lassen sich einfach formen und auf einen Untergrund drapieren. Nach ca. 15 Minuten bindet er ab und das erst noch weiche formbare Material wird hart. Für die Herstellung von Gipsbrei benötigt man einen Behälter – am besten aus beweglichem Material. Das Gefäß wird zu ca. $^2/_3$ mit Wasser gefüllt und dann das Gipspulver eingestreut, bis ein Häufchen über dem Wasserspiegel stehen bleibt. Getrockneter Gips kann wie Stein weiter bearbeitet werden. Er lässt sich gut einfärben, indem man in das Wasser beim Anrühren Pigmente bzw. flüssige Farbe einstreut oder nach dem Erhärten mit wasserlöslichen Farben/Lackfarben/Beizen/Stofffarben bemalt. Man kann das schnelle Hartwerden von Gipsbrei verzögern, wenn man dem Gipspulver etwas Salz hinzufügt (2 Teelöffel auf 1 Becher Gips). Gips kann biologisch entsorgt werden.

KOPIERVORLAGE

Aufbau der Stunde

Einstiegsphase

Die Kinder lassen zunächst im Stuhlkreis sitzend eine neutrale Tüte mit etwas Gipspulver herumgehen und stellen Vermutungen an, was das wohl ist. Sie erfahren dann, dass es Gips ist und tragen ihr Vorwissen zu diesem besonderen Stoff zusammen.

Erarbeitungsphase

Beispielhaft wird dann einmal das Anrühren von Gipsbrei unter Anleitung der Lehrerin/des Lehrers von einem Kind ausprobiert, nachdem zuvor das entsprechende Bild-Rezept (s. S. 103) von den Kindern erörtert wurde. Die Regeln für die Arbeit mit Gips werden kindgemäß und ausführlich besprochen. Zur weiteren Orientierung bleiben diese wichtigen Informationen auch zum Entsorgen von Gipsresten und zum sachgemäßen Umgang als Plakat mit Piktogrammen für alle sichtbar an der Tafel hängen. Das Warnschild für den Ausguss wird aufgehängt und dieser mit einem Wassereimer abgedeckt. Die Kinder erleben, dass sich der flüssige Gips in kurzer Zeit zu einem Brei verwandelt, der, langsam in eine vorbereitete Form gegossen, zu einem festen Material abbindet. Dabei wird fühlbar Wärme frei.

Durchführungsphase

Dieses spannende Erlebnis vollziehen die Kinder anschließend noch einmal selbstständig nach. In Partnerarbeit rühren sie in kleinen Gefäßen nach Vorschrift (Plakat und Arbeitsblatt) Gips mit Wasser an, dem vorab je nach Belieben einige Löffel Acrylfarbe oder Pigmente zugefügt wurden. Das unterschiedlich eingefärbte Wasser steht in größeren Behältern (Eimern) bereit, aus dem die Kinder ein kleineres Gefäß füllen und dann den Gips einrühren können. Die flüssige Gipsmasse wird dann in flache Schalen oder Hohlkörper gefüllt oder auf eine glatte Fläche (z. B. Resopalplatte, feste Kunststofffolie) gegossen und kann nach dem Hartwerden einfach ab- oder herausgelöst werden. Wenn starre Gießformen verwendet werden, die anders als z. B. Joghurtbecher nicht zer-

stört werden dürfen, muss die Form glattwandig und nach oben hin ohne Überstände sein. Man kann die Hohlkörper und größeren Flächen eventuell auch vorher mit einem Trennmittel (Öl, Vaseline) einfetten. Die fertigen dünneren Platten sollten in Zeitungen eingewickelt und so geschützt gelagert werden. Von daher müssen die Kinder vorher wissen, dass die meisten Ergebnisse aufgehoben werden und deshalb relativ sorgfältig behandelt werden müssen. Das Herauslösen der Abgüsse kann vermutlich schon am Ende der Stunde erfolgen. Am besten ritzt man kurz die Initialen in die Bodenplatten zur späteren Zuordnung zu den Kindern.

Wichtige Regeln

1. Achtung: – Gips darf nicht gegessen werden!
   – Gips darf nicht in die Nase und Augen kommen!
2. Immer das Gipspulver in das Wasser geben – nicht umgekehrt!
3. Gips verstopft Abflüsse!
4. Hände und Becher nur im Wassereimer waschen! So sinken die Gipsreste auf den Grund, man kann das Wasser vorsichtig abgießen und die harten Reste (biologisch) entsorgen.

Rezept zum Gipsanrühren

Eine einfache und spannende Anleitung zum Anrühren für jüngere Kinder ist das **Gips-„Ersaufen"-Lassen**. In einen Gipsbecher mit Wasser wird so lange Gips eingestreut, bis ein kleiner Berg über der Wasseroberfläche entsteht (s. S. 103).

	Gips	:	Wasser	
sahnig, zum Gießen	2 Teile	in →	1 Teil	
				ca. 10–15 Min.
formbar, zum Modellieren	3 Teile	in →	1 Teil	

Auswertungsphase

Am Ende der Stunde geht es vor allem um den Austausch der multisensorischen Wahrnehmungen. Das Erfahren der verschiedenen Aggregatzustände (pulvrig-fest, flüssig, weich, warm, fest) ist ein spannendes, faszinierendes Erlebnis: Der Gips „arbeitet" und dabei entsteht deutlich spürbare Wärme an den Gefäßen oder direkt fühlbar und messbar. Im Vergleich dazu spüren die Kinder am Schluss, dass er später „eiskalt" ist. Die Kinder überlegen zuletzt, was man mit den entstandenen Produkten noch weiter machen kann. Damit es spannend bleibt, wird noch nicht verraten, wie sie weiter verwendet werden.

Warnschild

Gips anrühren

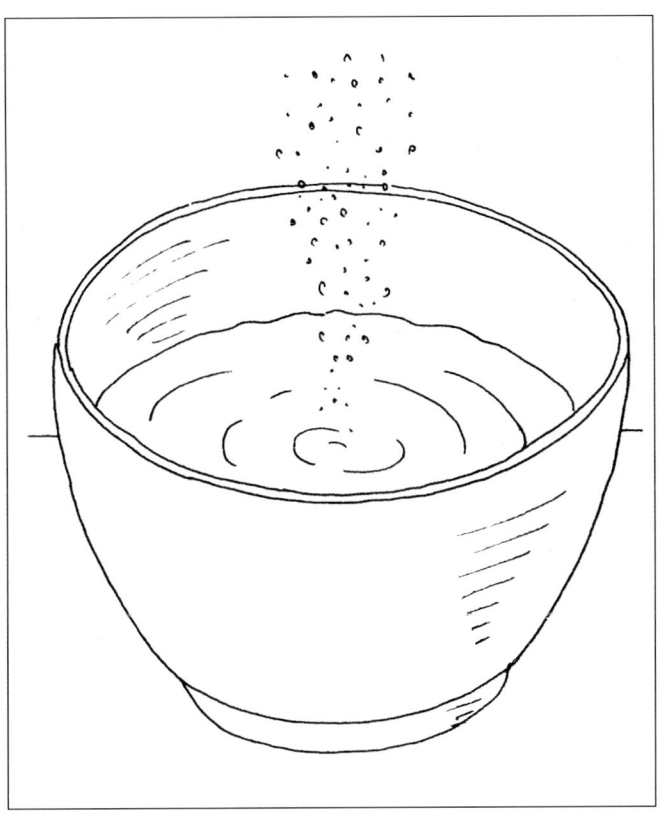

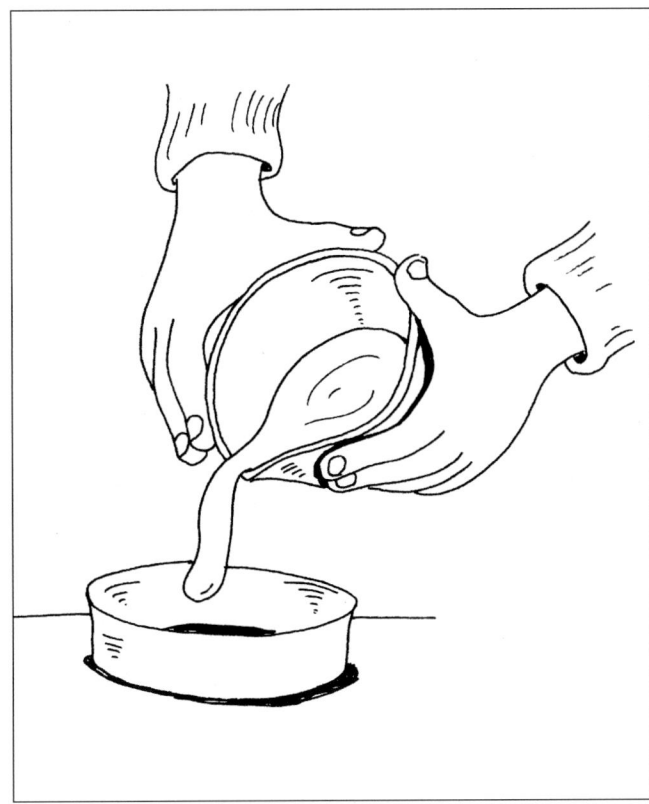

Übungen zur ersten Materialerfahrung mit Gips

Übung 1   Plastikbeutel ausgießen

Das brauchst du:

kleiner Plastikbeutel, Gipsbecher, Gipspulver, Eimer mit Wasser, Löffel oder kleiner Becher zum Einstreuen des Gipspulvers, Bindfaden oder Beutelverschluss

Aufgabe:

1. Fülle einen Gipsbecher halb mit Wasser.
2. Fülle Gipspulver ein, bis ein Berg entsteht.
3. Verrühre das Gipspulver.
4. Fülle einen Beutel mit dem Brei und binde ihn zu.
5. Lege die Hand flach auf den Beutel und fühle.
6. Nimm den Abdruck nach dem Trocknen heraus.

Probiere, auch einen Gummihandschuh auszugießen.

Übung 2   Hohlkörper ausgießen

Das brauchst du:

verschiedene kleine Behälter (Plastikformen, Joghurtbecher, Margarine- und Pralinenschachteln, Schuhkartondeckel ...), Gipsbecher, Gipspulver, Wasser, Farbpulver (Pigmente) oder flüssige Farbe, Löffel oder kleiner Becher zum Einstreuen des Gipspulvers, Spachtel, Speiseöl, Pinsel

Aufgabe:

1. Pinsel eine Schachtel mit etwas Speiseöl ein.
2. Fülle einen Becher mit Wasser.
3. Fülle Gipspulver ein, bis ein Berg entsteht.
4. Gib etwas Farbpulver oder flüssige Farbe dazu.
5. Verrühre die Mischung gut.
6. Gieße Formen und Schachteln aus.
7. Nimm den Abdruck nach dem Trocknen vorsichtig heraus.

Du kannst auf eine Schicht auch neuen flüssigen Gips gießen.

Übung 3   flache Formen gießen

Das brauchst du:

glatte Flächen (flache Metallschalen, alter Spiegel, Plastikunterlagen ...), Gipsbecher, Gipspulver, Wasser, Farbpulver (Pigmente) oder flüssige Farbe, Löffel oder kleiner Becher zum Einstreuen des Gipspulvers, Spachtel zum Ablösen, evtl. Speiseöl, Pinsel, Zeitungspapier als Unterlage zum Trocknen

Aufgabe:

1. Fülle einen Gipsbecher mit Wasser.
2. Fülle Gipspulver ein, bis ein Berg entsteht.
3. Gib etwas Farbpulver oder Flüssigfarbe dazu.
4. Verrühre die Mischung.
5. Gieße den Gips auf die Platten (Flächen) aus.
6. Hebe die Platte nach dem Trocknen vorsichtig mit dem Spachtel ab.

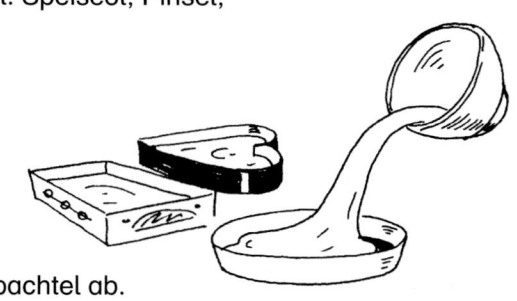

8.3.1 Raumblüten – Gussformen zu Blüten anordnen

Material

Abbildung von Christine Rokahrs Installation mit Gips-Objekten als Folie (s. S. 108), Overheadprojektor, Gipsabgüsse des Gipslehrgangs, Gips, Fotoapparat

Ziel der Stunde

Die Kinder kombinieren aus den „zufälligen" Abgüssen des Gipslehrgangs plastische Blütenobjekte analog zu den Installationen der Künstlerin Christine Rokahr.

Begründung des Themas und Intention

Der Werkstoff Gips eignet sich auch ausgezeichnet für das Herstellen (ungegenständlicher) organischer Formen, die nach dem Trocknen zu mehrteiligen Gipsobjekten kombiniert werden können. Aus flach gegossenen abstrakten Gipselementen entwickeln sich durch Legen und Zusammenfügen plastische Gebilde, die eine sinnhafte Bedeutung erhalten. Durch die Kombination von flachen glatten Oberflächen und welligen oder rauen entstehen reizvolle Kontraste. Alle entstandenen organischen Gebilde können anschließend zu einer Klassen-Rauminstallation (Flur/Turnhalle/Pausenhof) zusammengefügt werden. Dabei vollziehen die Kinder spielerisch eine zeitgenössische Kunstform nach und erleben, dass die Vielfalt organischer Formen und die Beteiligung aller einen besonderen Wert haben. In ersten Ansätzen erleben sie, wie eine Installation gestaltend und verändernd in die unmittelbare Umgebung eingreift. Sie erfahren, dass eine experimentelle Grundhaltung und das Nutzen von Zufällen Elemente ästhetischer Lernprozesse sind. Bis ins Jugendalter haben Kinder den Wunsch nach naturalistischer Darstellung, realistischer Abbildung. Das wird hierbei aufgegriffen. Aber gleichzeitig erfahren sie, dass mit wertlosen „Abfallmaterialien", Zufallsformationen, abstrakten Gebilden durch Neu-

kombination bewusste Aussagen gemacht werden können. Die zur Verfügung stehenden Materialien regen an zum Experimentieren, Ausprobieren, spielerischen Arrangieren.

Zur Künstlerin und zum Kunstwerk

Die experimentelle künstlerische Arbeitsweise Christine Rokahrs drückt sich aus in rundlich organischen, heiter wirkenden Formen aus pastellfarbigem Gips. Sie scheinen aus dem Boden und den Wänden zu wachsen. Sie erinnern an das visuelle Erlebnis von Sommer, Blumenwiese, Entspannung. Die teilweise witzigen Formationen amüsieren die Betrachter. Es geht der Künstlerin nicht nur um die Darstellung hübscher Blumen und Blüten, sie versteht sich als Malerin. Ihre Malerei entfaltet sich aber in der dritten Dimension und im Raumerlebnis von Wachstum als Gesamtkunstwerk bzw. begehbares Bild.

Aufbau der Stunde

Einstiegsphase

Auf einem großen Tisch im Klassenraum liegen die in Zeitung eingepackten Gipselemente aus dem Gipslehrgang. Die Kinder vermuten, dass damit heute etwas gemacht wird und stellen nach Betrachtung des per Bildfolie gezeigten Kunstwerks von Christine Rokahr (s. S. 108) den Zusammenhang her.

Erarbeitungsphase

Die Kinder machen Vorschläge, wo und vor allem wie sie die verschiedenen Teile kombinieren können und probieren einige Möglichkeiten aus. Dabei wird demonstriert, dass das Neben- oder Übereinanderlegen möglich und stabil genug ist. Die Gipselemente können mit einem Klecks Gips untereinander verbunden werden.

Durchführungsphase

In Kleingruppen sichten die Kinder alle vorhandenen Gipsteile und probieren verschiedene Formationen aus. Die einzelnen Gruppen nehmen dabei Beziehung zueinander auf. Wenn alle mit den Ergebnissen einverstanden sind, werden die Arrangements von der Gruppe fotografiert, eventuell auch fixiert.

Auswertungsphase

Die Gesamtinstallation wird anschließend gemeinsam betrachtet und „begangen", sodass immer wieder neue Ansichten möglich sind. Kleinere Korrekturen sind noch möglich, wenn die Gruppenmitglieder einverstanden sind. Die Kinder überlegen sich dann einen Titel für ihr Werk und präsentieren es anschließend der Schulöffentlichkeit. Eine Gruppe von Kindern kann eventuell auch eine kleine Führung vorbereiten.

Literatur

HIETKAMP, E.: Kunst erleben – Kunst begreifen. Arbeitsbuch Kunsterziehung und Gestaltung für sozialpädagogische Berufe. Berlin 2003
Kulturamt der Stadt Münster (HG.): Christine Rokahr: Die mulmige Pforte. Bönen 2003

Der Garten meiner Kindheit

Auf dem Foto seht ihr mich auf einem Baumstamm über dem Wasser balancieren. Das sieht ganz kinderleicht und einfach aus, aber ihr glaubt nicht, wie lange ich gebraucht habe, wirklich auf den Baumstamm zu steigen und wie stark meine Beine gezittert haben. Als Kind ist mir so etwas ganz leichtgefallen – seltsam, manchmal verlernen Erwachsene Dinge, die Kindern sehr leichtfallen.

Als ich ein kleines Mädchen war, liebte ich es, draußen in der Natur zu spielen, am Bach, mit Moos, mit Steinen, Erde und Pflanzen. Ich kletterte auf Bäume, baute Hütten und lag gerne im Gras, um in den Himmel zu träumen. Ich half meiner Mutter bei der Gartenarbeit, besonders gerne bei der Ernte, weil ich essen konnte, was mir schmeckt und so viel ich wollte und immer war noch genug für den Sommer und für das ganze Jahr da.

Meine Mutter nannte mich manchmal mein grüner Geselle und mein Vater Adlerauge. Die Zeit schien mir endlos und alles war ganz einfach.

In der Schule, im Studium und durch das Leben insgesamt habe ich vieles kennengelernt, auch schwierige Dinge. Nicht alles brauche ich als erwachsene Frau, aber vieles ist nützlich, um zu leben.

Manchmal werde ich gefragt, warum ich Künstlerin geworden bin.

Ich glaube, weil ich so ein erwachsenes Kind sein kann.

Ich liebe es, in meiner Kunst einfache, spielerische Dinge zu machen, die scheinbar jedes Kind kann.

Es ist, als würde ich mit einem Material, z. B. dem Gips, Freundschaft schließen. Wir spielen gemeinsam und lernen uns kennen. Manchmal lasse ich den Gips einfach so fließen, wie er will. Er überrascht mich und ich bekomme neue Ideen. Manchmal macht der Gips, was ich will: wenn ich ihn in eine Form gieße oder mit der Hand verschmiere. Und manchmal haben wir einen schlechten Tag miteinander, dann läuft gar nichts – dann brauchen wir eine Pause.

Es ist wie ein Tag im Winter, an dem man nicht im Garten arbeiten kann, nur schauen oder Schneemänner bauen!

Der Gips bleibt im Sack und ich mache etwas anderes: räume auf, schreibe, lese, denke nach, male auf Papier, das weißer ist als Schnee, unterrichte meine Studenten oder balanciere übers Wasser oder träume in den Himmel ... lerne neu.

Christine Rokahr
im Februar 2005

Christine Rokahr: Die mulmige Pforte, 2003

Der Raum rief in mir das Bild einer römischen Villa mit Säulen und Atrium wach./Mit den beiden codierten Schriftfriesen unterstreiche ich den Gedanken an ein Gebäude./Gipsobjekte fluten in den Raum, die Farbflächen nehmen ihren leise beschwingten Rhythmus auf./Zwischen japanischer Wand und Fenster wuchern Objekte wie eine Mauer./Die Grenze von Innen- und Außenraum wird verwischt./Ich suche eine Verbindung zwischen Architektur und Körper./Die *mulmige Pforte* – ein Ort zum Durchschreiten, ein begehbares Bild.

8.3.2 Fühlblumen – Blütenreliefs durch Ausgießen einer Negativform herstellen

Material

Ton, Draht zum Abtrennen, Schuhkartondeckel, Kuchenrolle, trockene Blüten/Rosenzweige (alternativ Kunstblumen/Stoffblüten), Speiseöl/Pinsel, Gips, (biegsamer) Gipsbecher, Wasser, Löffel, Schulmalfarbe, Borsten- und Haarpinsel, Zeitungen, Folie zum Abdecken der Tische, Malkittel, Müllsack, Arbeitsanleitung: Gips anrühren (s. S. 103), Hinweisschild für Ausguss (s. S. 102), Wasserbehälter für die einzelnen Tischgruppen, Eimer mit Wasser (zum Auswaschen der Gipsschälchen und zum Säubern der Werkzeuge und Hände), Arbeitsblatt „Reliefherstellung" (s. S. 111)

Ziel der Stunde

Die Kinder sollen durch Eindrücken von Blüten in eine Tonplatte ein Negativrelief herstellen und durch Ausgießen mit Gips daraus ein florales Positivrelief entwickeln, das anschließend thematisch bemalt wird.

Begründung des Themas und Intention

In dieser Stunde haben die Kinder intensiven Kontakt mit zwei ganz unterschiedlich zu verarbeitenden Materialien für die Gestaltung plastischer Objekte. Während der ungebrannte Ton geschmeidig, formbar bleibt und Veränderungen zulässt, muss der angerührte Gips relativ zügig verarbeitet werden, da er schnell erstarrt. Die Kinder erleben die Qualität und Gestaltbarkeit von Materialien und Werkzeugen beim experimentellen und gezielten Einsatz, begreifen die Beschaffenheit von Oberflächen und gestalten diese nach eigenen figurativen Vorstellungen mit vorgefundenen Elementen ihrer Umwelt. Ein neuer fachsprachlicher Begriff (Relief) wird altersadäquat eingeführt.
Treten Erhöhungen aus der Oberfläche eines Körpers hervor, spricht man von einem Relief. Man unterscheidet zwei Arten: Beim Positivrelief werden die geformten oder zu modellierenden Teile auf einen Untergrund (z. B. gegossene Platte) aufgesetzt, beim Negativrelief werden die plastischen Formen in einen weichen (ca. 2 cm dicken) Untergrund (Ton, Plastilin, Sand) eingedrückt. Wenn man diesen Untergrund oder eine Platte mit einem Rand umgibt oder in eine

Schachtel legt und dann mit flüssigem Gips ausgießt, entsteht ein Gips-Positivrelief. Beide Techniken stellen ein faszinierendes Erlebnis für Kinder dar.

Aufbau der Stunde

Einstiegsphase

Zu Beginn der Stunde liegen in der Mitte des Sitzkreises ausgebreitet einige Zeit vorher gesammelte und getrocknete Blüten, Zweige sowie teilweise von den Kindern mitgebrachte künstliche Blütennachformungen. Nach den ersten Äußerungen dazu erhalten die Kinder kleine Teile eines unbemalten Gipsreliefs, die sie ausgiebig ertasten können. Anschließend überlegen sie, wie man solche Fühlbilder wohl herstellen kann.

Erarbeitungsphase

Zur Hilfestellung bei der möglichst selbstständigen Durchführung der Arbeitsschritte werden zunächst kommentarlos ein Schuhkartondeckel, die Kuchenrolle und ein Klumpen Ton in den Stuhlkreis gelegt. Die Kinder probieren exemplarisch aus, wie ein Tonstück ausgewalzt und dann ein Abdruck erzeugt wird. Dazu verwendet man zum besseren Verständnis ein vorher gezeigtes Blütenexemplar. Wichtig für das spätere Ablösen der Tonschicht vom erstarrten Gipsrelief ist der Hinweis, die Tonplatte vor dem Ausgießen mit etwas Öl einzupinseln. Ein Becher mit Gipsbrei wird anschließend auf dem Abdruck verteilt und mit einem Spachtel noch etwas geglättet. Je nach Vorstellungsvermögen der Kinder kann dieser Schritt eventuell auch nur verbal beschrieben werden. Für das Anrühren des Gipses wird nur auf das Plakat verwiesen.

Durchführungsphase

Die Kinder probieren die Herstellung danach allein oder auch in Partnerarbeit aus. Alle benötigten Utensilien stehen vorbereitet auf den Gruppentischen. Den Tonklumpen können sich die Kinder allein mit einem Draht abtrennen. Die Lehrerin/der Lehrer greift nur bei Streitigkeiten oder Nachfragen ein. Die einzelnen Arbeitsgänge können gegebenenfalls auch als Fotodokumentation ausgehängt werden. Ansonsten sollen sich die Kinder möglichst gegenseitig helfen. Alle, die schnell fertig sind, unterstützen die anderen oder machen noch ein zweites Relief.

Auswertungsphase

Die Ablösung der Tonplatte von dem fest gewordenen Gips kann auf die nächste Stunde verschoben werden.

Die fertigen Platten werden betrachtet, erfühlt und die verwendeten Gegenstände können zugeordnet werden. Gleichzeitig erkennen die Kinder, dass bei einem Relief die Vollformen der eingedrückten Dinge nur noch halb zu sehen sind. Zum Schluss wird besprochen, ob, wie und womit die Kinder die Reliefs bemalen sollen und in welcher Form man sie ausstellen kann (Fries, Großrelief usw.).

Reliefherstellung

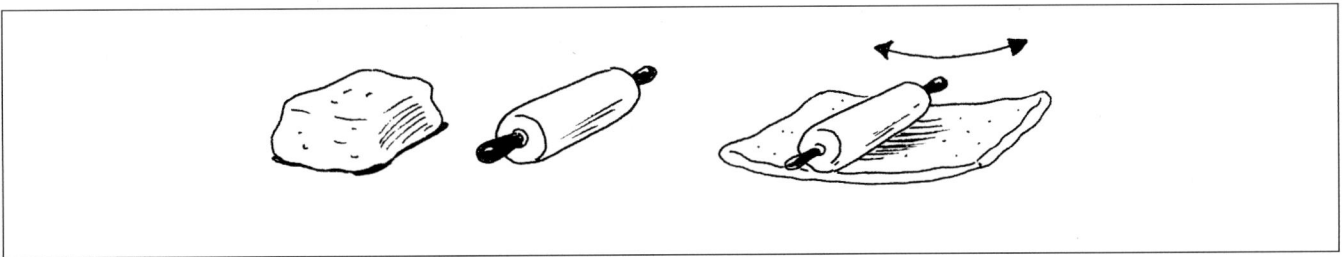

Ton abteilen und ausrollen

Tonplatte in den Schuhkartondeckel legen

Ton mit Öl einpinseln

Blumen und Blätter in den Ton drücken

Schachtel mit Gips ausgießen

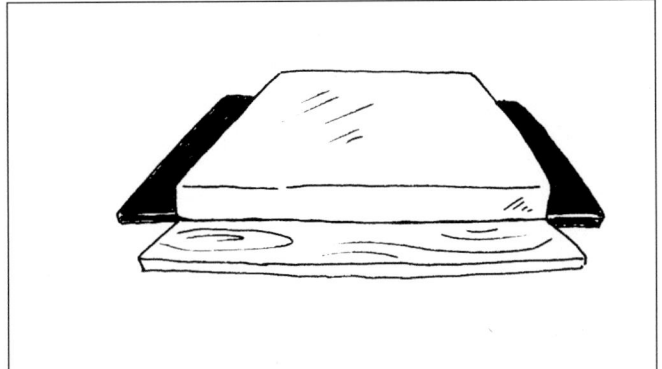

Deckel lösen

Platte abnehmen – fertig

KOPIERVORLAGE   111

8.3.3 Blumeninseln – Positivreliefs aus Gipsbinden herstellen

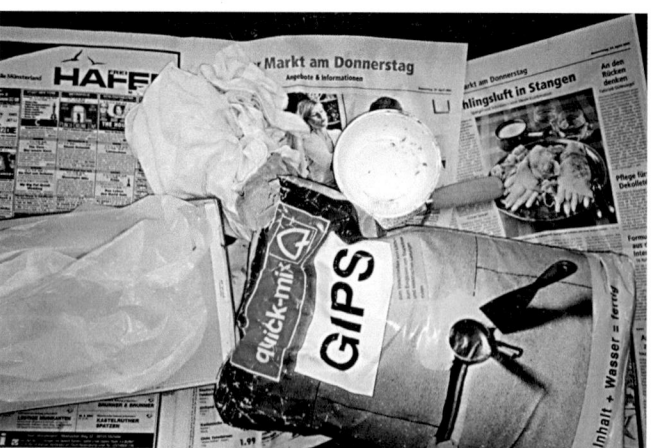

Material

Bumen, Blüten (frisch, welkend, verblüht), evtl. Lupen, vorher gegossene Gipsplatten ca. DIN A4 (alternativ: Styropor- oder Dämmplatten, dünne Spanplatten), Schuhkartondeckel als Unterlage für die Platten beim Gießen, Gipsbinden oder Gipspulver, evtl. Kleister, Wasserbehälter für die einzelnen Tischgruppen, Eimer mit Wasser zum Auswaschen der Gipsschälchen und zum Säubern der Werkzeuge und Hände im Ausguss, (möglichst biegsame) Gipsschälchen zum Anrühren, Spachtel, Stoffreste, Papierreste, dünne Schaumgummireste, Schulmalfarben (Rot, Blau, Gelb, Grün, Braun, Schwarz, Weiß), Borsten- und Haarpinsel, Zeitungen, Folie zum Abdecken der Tische, Malkittel, Müllsack, Arbeitsanleitung: Gips anrühren (s. S. 103), Hinweisschild für Ausguss (s. S. 102)

Ziel der Stunde

Die Kinder sollen aus mit Gips getränktem Stoff (Gipsbinden/Kleisterpapier) tastbare Positivreliefs (Objekte) in Form von Blüten herstellen und diese thematisch entsprechend farbig ausgestalten.

Begründung des Themas und Intention

Ein Schwerpunkt dieser Stunde ist die Erweiterung der gewohnten zweidimensionalen Darstellung eines wahrgenommenen plastischen Objekts in der Fläche. Die Wahrnehmung der Kinder wird auf die Plastizität von Naturmaterialien gelenkt und der Übergang in die dreidimensionale Darstellung praktisch erprobt. So werden ihre Kenntnisse und Fertigkeiten über die grafische und malerische Darstellung hinaus erweitert und modifiziert. In ihrer ästhetischen Umsetzung machen sie intensive motorische, sinnlich-haptische Erfahrungen, können Farbgebungen und räumliche Wirkungen experimentell erproben und die besonderen Qualitäten eines Reliefs (Positiv- und Negativrelief) spielerisch begreifen. Der erste Einblick in den Bereich der Gießtechniken wird vertieft.
Der Blick der Kinder wird auch auf die Prozesshaftigkeit in der Natur gelenkt. Die zunächst kaum erkennbaren Merkmale des Welkens, die Form- und Farbveränderung wird genauer differenziert. Die Kinder machen dabei intensive Erfahrungen mit den Eigen-

arten eines besonderen Werkstoffs und erproben neue ästhetische Möglichkeiten in der plastischen Ausformung zu einem auch haptisch zu erkundenden Produkt. Sie entwickeln selbstständig ihr Formenrepertoire weiter und erkennen, dass der Zustand einer Pflanze (Frische, Welken, Veränderung) mit typischen Farben expressiv ausgedrückt werden kann. Die Vielfalt der Lösungen trägt bei zur Toleranz gegenüber individuell ganz unterschiedlichen Ausdrucksweisen.

Aufbau der Stunde

Einstiegsphase

Vor Beginn der Stunde wird ein Arrangement vorbereitet, das die Neugier der Kinder weckt und Spannung erzeugt. Auf einem mit einem Tuch abgedeckten Tisch (eventuell an jedem Gruppentisch) liegen Rosenblüten und Blätter in verschiedenen „Zuständen" (frisch und knospig, welk, trocken). Nach den ersten spontanen Äußerungen dazu werden einzelne Kinder aufgefordert, ganz vorsichtig das Tuch zu heben und mit den Händen zu schauen, was wohl darunter verborgen ist. Beim Verbalisieren der Empfindungen gibt die Lehrerin/der Lehrer eventuell Hilfestellung oder bittet um Überprüfung durch andere Kinder. Der Übergang von der Tischfläche zur Wölbung der Blüte kann noch einmal besonders erfühlt werden. Jedes Kind sollte dieses Tasterlebnis vor Beginn der Umsetzung haben. Dabei machen alle Kinder multisensorische Erfahrungen, aktualisieren ihr Vorwissen, tauschen erste Eindrücke aus und stellen auch schon Vermutungen an, wie es weitergehen wird. Wenn man in Gruppen arbeitet, berichten die Einzelnen danach kurz von ihren Beobachtungen.

Erarbeitungsphase

Im Stuhlkreis wird eine ganz frische Blüte herumgereicht und mit den anderen verglichen. Die genannten

in Ruhe die Pflanzen anzusehen. Sie können dazu auch die Lupen benutzen.

Durchführungsphase

Die Tische sind gut abgedeckt, während die Kinder zu zweit den Gips anrühren, ihre Stoffstückchen eintauchen und dann auf den von ihnen vorgefertigten Platten aus dem Gipslehrgang drapieren. Ein Nacharbeiten ist möglich, wenn eine Form zu flach ist oder die Konsistenz nicht ganz stimmt. Die Kinder werden zwischendurch daran erinnert, dass mit der Farbe später noch eine zusätzliche Akzentuierung möglich ist. Auf ein vorher vereinbartes Zeichen hin beenden die Kinder die erste Phase, räumen auf und stellen ihre mit Namen versehenen Reliefs zum Trocknen auf die Fensterbänke.

Auswertungsphase

Die Kinder berichten kurz von ihren Erfahrungen, vergleichen einzelne Blütenformen und planen die Weiterarbeit. Die Besprechung wird fortgesetzt, nachdem alle Reliefs richtig fest sind. Die getrockneten Arbeiten werden auf einer Tischreihe aufgelegt und den Kindern zum vorsichtigen Ertasten präsentiert. Jeweils ein Kind verbindet sich die Augen, während ein anderes durch die „Tastgalerie" führt. Jedes Kind kann sein eigenes Werk noch einmal überprüfen. Anschließend berichten die Kinder von ihren Erfahrungen. Falls notwendig, kann noch etwas nachgearbeitet werden.

Fortsetzung

Einige Kinder erklären dann beispielhaft, wie sie ihre Arbeit fortsetzen wollen, welche Ideen sie zur farbigen Gestaltung haben, wie man das „Welke" oder ganz Frische hervorheben kann. Eventuell wird das Mischen der Farben kurz gezeigt.

Die Kinder arbeiten wieder an Gruppentischen, in deren Mitte die fertig angerührten Farben stehen. Zum Mischen können alte Teller o. Ä. verwendet werden.

Auswertungsphase

Die fertigen Stücke werden in einer Ecke der Klasse zu einem Gemeinschaftswerk arrangiert, was das Bild eines Blütenteppichs (s. a. Filzarbeit) erzeugt. Größe und Vielfalt beeindrucken die Kinder. Gemeinsam wird überlegt, was wohl die ältesten und was die frischesten Blumen sind, welche noch dick und prall sind und welche fast nur noch aus Blättern bestehen. Diese Kriterien tragen bei zu einer differenzierten Wahrnehmung und zu einer veränderten Beurteilung nach schön/nicht schön. Abschließend wird die weitere Verwendung der Arbeiten besprochen. Denkbar ist z. B. das Fixieren auf einer großen Platte.

Veränderungen (Form und Farbe der Blüte) können an der Tafel fixiert oder skizziert werden. Auf eine Gipsplatte (Ergebnis aus dem Gipslehrgang), die in der Mitte liegt, werden dann zwei Blüten (in Seiten- und Draufsicht) mit einigen abgefallenen Blättern als Vorbild und Anregung für die anschließende Arbeit arrangiert.

Wenn den Kindern das Thema (abgefallene Blüte) klar ist, wird überlegt, wie man es umsetzen könnte. Dazu werden die Materialien in die Mitte gestellt und je nach Bedarf noch einmal vorgestellt. Nach dem Anrühren von Gips wird das zügige Arbeiten mit den Tüchern oder das Einweichen der Gipsbinden gezeigt. Anhand des „Gipsplakats" können die einzelnen Arbeitsschritte noch einmal wiederholt werden. In den Ausguss im Waschbecken wird ein mit Wasser gefüllter Eimer gestellt, der an diesem Tag zum Händewaschen genutzt wird. Vor der Verteilung der Materialien an die einzelnen Gruppentische und die Vorbereitung der Arbeitsplätze wird noch einmal an Regeln der Zusammenarbeit und an die Farbgebung (z. B. Welkfarben) erinnert. Das kann aber auch geschehen, wenn die Gipsreliefs trocknen.

Die Teile eines seit einiger Zeit in der Klasse stehenden Blumen-(Rosen-)straußes und die teilweise schon abgefallenen Blätter werden ggf. an die an Gruppentischen sitzenden Kinder verteilt. Alle haben Gelegenheit, einzelne Blüten in die Hände zu nehmen und sich

Nachtrag

Im Laufe der Arbeit entstand die Idee, das Thema zu erweitern und den Untergrund blau zu färben wie Blüten auf dem Wasser (Seerosen), die die Kinder auf dem Spaziergang gesehen hatten. Voll Spannung wurde dann gemeinsam ausprobiert, ob ihre auf eine dickere Styroporplatte befestigten Reliefs auf dem Wasser schwimmen. Solche prozesshaften Entwicklungen, nicht geplanten Aktionen, spontanen Einfälle bereichern den Unterricht, sind Ausdruck von Kreativität und sollten auf jeden Fall aufgegriffen werden.

8.4 Blüten-Teppiche – Filzbilder herstellen und zu einem Gemeinschaftswerk zusammenfügen

Material

Foto von Blumenwiese (s. S. 118), Rohwolle (naturfarben und farbig), flache Schalen, Tabletts o. Ä., kleinere Wasserbecher oder Sprühflaschen, Kochplatte mit großem Topf oder Elektrowecktopf, Wasser, Schmierseife, Schöpflöffel, Behälter zum Abgießen der kalten Lauge, alte Frotteehandtücher, Wäscheleine, Wäscheklammern, Plakat mit Piktogrammen (s. S. 117), evtl. Handschuhe für Allergieschutz, Styropor- oder Spanplatte

Ziel der Stunde

Die Kinder sollen aus Rohwolle und farbigen Wollfasern ein Bild filzen und die einzelnen Bilder zu einem Blütenteppich arrangieren.

Begründung des Themas und Intention

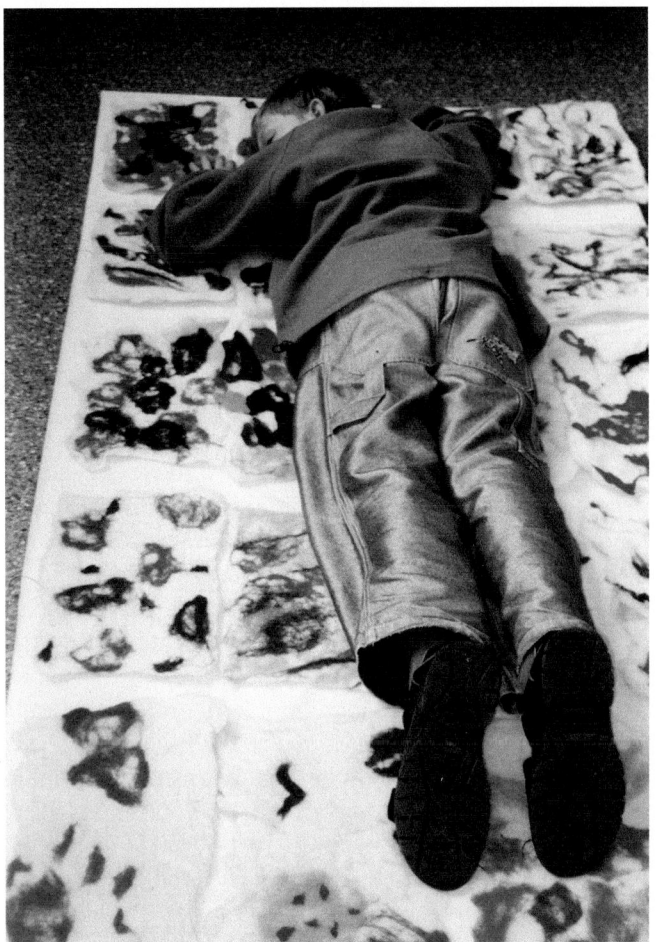

Ein Schwerpunkt dieser Stunde ist die Erweiterung der haptischen und motorischen Erfahrungen mit textilen Materialien. Die Kinder entwickeln ihre Wahrnehmung auf eine ganzheitliche Weise, indem sie diese in ihren Strukturen, Texturen und besonderen ästhetischen Eigenschaften fühlen und lustvoll begreifen. Sie machen neue ästhetische Erfahrungen, indem sie die sinnlichen Qualitäten des textilen Materials und der notwendigen Flüssigkeiten usw. erkunden, ihre Empfindungen verbalisieren oder anknüpfend an früheres, kreativitätsförderndes, spielerisch-experimentelles Matschen, Formen und Bauen vergleichen. Farb- und Formkenntnisse im Sinne einer abstrakteren Blütenanordnung werden aufgegriffen und durch die Verwendung der bisher nicht bekannten Materialien ausdifferenziert. Die Themenstellung ist dabei so offen, dass alle Kinder zu einem befriedigenden Ergebnis kommen. Gleichzeitig kann angeknüpft werden an Produkte der Alltagskultur, aber auch an alte Techniken zur Anfertigung von Gebrauchsgegenständen, an Lebensweisen anderer Kulturkreise und ihre soziokulturellen Zusammenhänge (Teppiche, Stoffe, Zelte).
Das Zusammenfügen der selbst angefertigten Filzelemente ergibt eine große Textilcollage, die ähnlich wie ein „natürlicher Blütenteppich", ein Stück Wiese oder Waldboden, den Kindern Entspannung, Genuss und Rückzug ermöglicht. Sie können sich darauf ausstrecken, ausruhen, träumen, spielen, schlafen, essen … In dieser horizontalen Position erleben sie die Welt ganz anders. Jedes Kind hat dazu seinen Teil beigetragen, alle Ergebnisse werden integriert, bleiben aber identifizierbar.

Filzen ist der Vorgang, bei dem warmes Seifenwasser auf Rohwolle gegossen wird und durch Reiben mit den Händen nach und nach ein festes Stoffstück entsteht. Schon wenig Flüssigkeit genügt. Überschüssiges Wasser kann zwischendurch abgegossen und sollte ausgedrückt werden, bevor das entstandene Vlies zum anschließenden Walken in Wasser getaucht wird. Dabei schrumpft das Stück noch um einiges. Die Temperatur der Flüssigkeit ist wichtig für die Geschwindigkeit des Verfilzens. Günstig sind 40–45° Celsius und die Zugabe von Schmierseife. Die sogenannte Reibetechnik ist günstig für die Herstellung von Bildern.

Aufbau der Stunde

Einstiegsphase

Die Kinder sehen sich zunächst das Bild einer sommerlichen Blumenwiese an. Nachdem Assoziationen dazu gesammelt wurden, geht eine Tüte mit einem kleinen Wollfilz im Stuhlkreis herum, den jedes Kind anfühlen kann. Gemeinsam werden die Eindrücke zusammengetragen und durch Impulse eine Verbindung zum Foto und schließlich zum Thema „Teppich" hergestellt.

Erarbeitungsphase

Nachdem die Kinder erfahren haben, dass sie selbst einen kleinen Blütenteppich herstellen können, werden ihnen die dazu notwendigen Materialien gezeigt und benannt. Mithilfe eines großen Plakats mit acht Abbildungen (s. S. 117) und knapper Beschriftung wird dann die Grundtechnik an einem Beispiel dargestellt. Ein Kind demonstriert gleichzeitig jeweils einen Arbeitsschritt. Diese Anleitung kann mit anschaulichen Fotos ergänzt werden und bleibt während des nachfolgenden Umsetzungsprozesses zur permanenten Orientierung sichtbar, sodass auch ungeübte Kinder die Arbeitsabfolge immer schrittweise praktisch nachvollziehen können. Für die Verteilung des erwärmten Seifenwassers, das in einem großen Topf vorbereitet werden sollte und dann auf kleinere Gefäße verteilt wird, werden besondere Verhaltensregeln abgesprochen, ebenso für die Form der Zusammenarbeit und das Aufeinanderwarten.

Durchführungsphase

Wenn die Gruppe nicht zu groß ist, können die Kinder die einzelnen Schritte am besten an ihren Tischen stehend gleichzeitig ausführen. Ansonsten arbeiten sie in Kleingruppen, wobei eine homogene „leistungsstarke" Gruppe durchaus selbstständig arbeiten kann. Eventuell kann auch ein Erwachsener zur Mithilfe animiert werden. Zwischendurch besteht immer wieder die Möglichkeit, sich kurz auszuruhen von dem für einige Kinder möglicherweise anstrengenden Reiben. Bevor die Kinder mit dem Walken beginnen, wird kurz geprüft, ob ihr Teppich richtig schön fest ist. Erinnert wird auch an das Einreiben der Hände mit Schmierseife.

Auswertungsphase

Wenn alle Kinder ihr Bild ausgewaschen haben, werden die vielen kleinen Blütenteppiche auf einer durch den Raum gespannten Leine aufgehängt und gemeinsam betrachtet. Unterschiede in Festigkeit, Farb- und Formgebung werden verbalisiert und dann überlegt, was man nach dem Trocknen mit den Ergebnissen weiter machen kann. Falls die Kinder nicht selbst auf die Idee eines großen Blütenteppichs kommen, zeigt die Lehrerin/der Lehrer ihnen eine große Styropor- oder Spanplatte, die in die Raummitte gelegt wird. Zur konkreten Vorstellung werden einige Stücke aufgelegt. In der nächsten Stunde wird dann ein großer Teppich gelegt und von allen Kindern, die möchten, ausprobiert.

Literatur

FERGG, M. u. J.: Filz und Form. Bern 1999
PALTAU SJÖBERG, G.: Filzen. Alte Tradition – Modernes Handwerk. Bern 1997
Textilarbeit + Unterricht, 1/1991, S. 17

Filzen

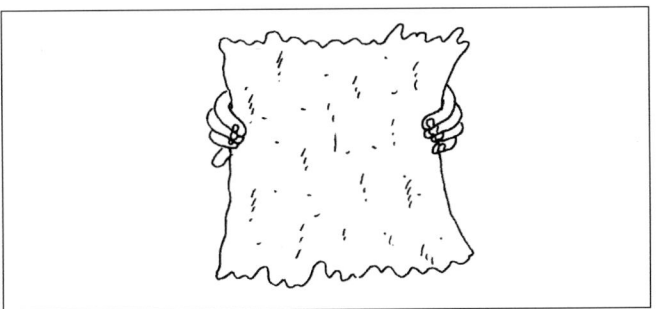

1. Wollvlies auseinanderzupfen

2. Wollvlies in drei Lagen kreuzweise in der Schale oder auf einer Gummimatte auslegen

3. Blütenmuster mit farbigen Wollfasern darauflegen

4. Wolle mit möglichst warmem Schmierseifenwasser (2 bis 3 Esslöffel auf 1 l Wasser) befeuchten

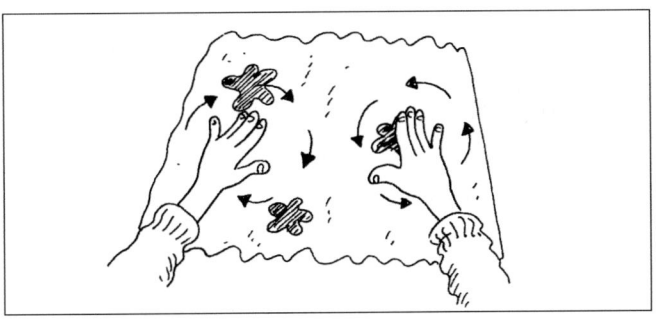

5. Bild kreisend (vom Rand zur Mitte) reiben, bis es fest ist

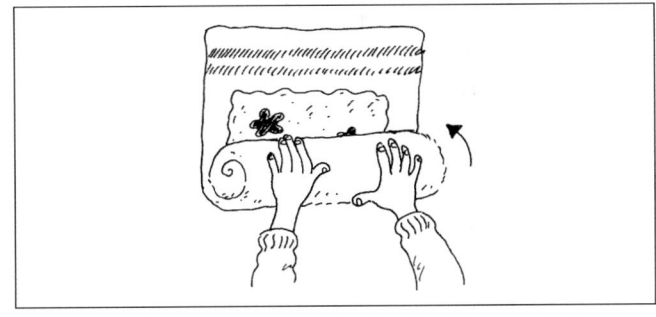

6. Bild walken: Bild in ein Tuch einrollen, auf einem Tisch feste rollen, mit den Händen drücken, Rolle auf die Tischplatte schlagen, ausrollen, wieder mit heißem Schmierseifenwasser befeuchten und von der anderen Seite einrollen …

7. Bild auswaschen

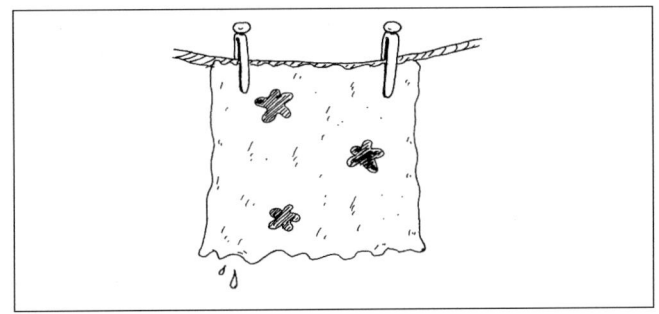

8. Bild (ca. 3 Tage) trocknen lassen

Blumenwiese

FOLIENVORLAGE

Bergedorfer Grundschulpraxis: Kunst – 1./2. Klasse, Band 1
© Persen Verlag

Quellenverzeichnis

S. 12: Henri Matisse schneidet Formen aus
© Succession H. Matisse/VG Bild-Kunst, Bonn 2005
Foto ©: RMN. Hélène Adant, Paris
S. 13: Henri Matisse: Die Schnecke, 1953
© Succession H. Matisse/VG Bild-Kunst, Bonn 2005
S. 20: Iris Irene Stöber – Interview
Text © Iris Irene Stöber
Foto: Brigitte Stallmann
Foto © Iris Irene Stöber/Brigitte Stallmann
S. 21: Iris Irene Stöber: Kühne Hühner
© VG Bild-Kunst, Bonn 2005
S. 27: Alexej von Jawlensky: Méduse, 1923
© VG Bild-Kunst, Bonn 2005
S. 32: Charles Beaubrun: Ludwig XIV. und Philipp I.
von Orléans, 1642
S. 39: Modefotografie (Kleid von Karl Lagerfeld)
Foto © Bruce Weber
S. 45: Nils-Udo: Kastanienblätter, Èquevilley, Frank-
reich 1985
© Nils-Udo
S. 46: Fotos aus Beckwith, Carol/Fisher, Angela:
Afrika: Kulte, Feste, Rituale. Band 2, München 1999,
S. 72, 75, 77
Fotos © Carol Beckwith/Angela Fisher
S. 51: Pralinen
S. 54: Alfred Grimm: Nr. 6: Aachener Spring-Turnier-
Torte
Nr. 31: Hünxer-Deponie-Torte
Aus der Serie „Ein schönes Stück Deutschland", 1987
© Alfred Grimm
S. 62: Rotfeuerfisch, Krokodilfisch, Feuer-Schwert-
gundel, Röhrenmaul-Pinzettfisch
© Dieter Eichler
Blaupunktrochen, Schlanker Feilenfisch
© Oliver Koch

S. 67: Alexis Leyva (Kcho): La Regata (Die Regatta),
1994
Anatol: Das Traumschiff Tante Olga
Stiftung Insel Hombroich
Foto ©: Hinrich Gerresheim
Donald-Duck-Boot
Foto ©: Kay Maeritz
S. 71: Ahöla, Hopi-Indianer, um 1900
Carnegie Museum of Natural History (Pitsburgh, PA)
S. 72: Alosaka (Keimgott)
Privatsammlung James T. Bialac (Phoenix, Arizona)
S. 75: Kwahu (Adler-Kachina)
Yohozro Wuhti (Kälte bringende Frau)
S. 81: Pieter Breughel d. Ä.: Die Kinderspiele, 1560
S. 84: Fachhochschule Stuttgart, Hochschule für
Druck und Medien, 1999
S. 88: Claes Oldenburg: Auf ihren Inhalt gestützte
Tube, 1985
© Claes Oldenburg und Coosje van Bruggen
S. 96: Andy Warhol: Flowers, 1970
© 2005 Andy Warhol Foundation for the Visual
Arts/ARS, New York
S. 107: Der Garten meiner Kindheit
Text und Foto © Christine Rokahr
S. 108: Christine Rokahr: Die mulmige Pforte, 2003
Werk und Text © Christine Rokahr
Foto © Th. Wrede/VG Bild-Kunst, Bonn 2005
S. 118: Blumenwiese
© MEV

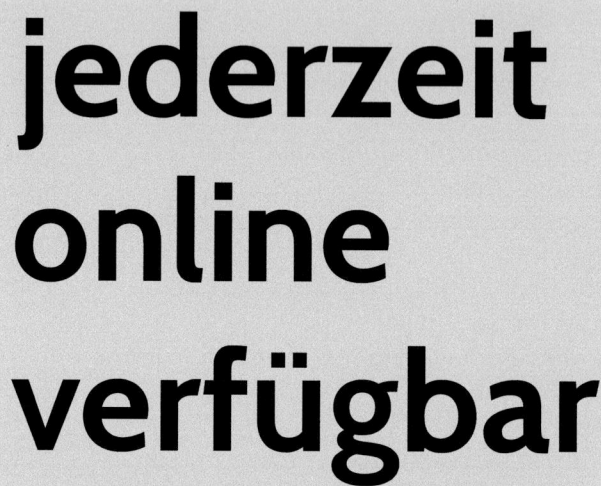